HEDWIG WITTE

Wie uns de Schnawwel steht ...

Ein Wörterbuch rheingau-nassauischer Mundart
mit Redensarten, Mundart-Gedichten und „Verzeehlcher“

2., überarbeitete und erweiterte Auflage 1978

HAAG + HERCHEN Verlag
Frankfurt am Main

CIP-Kurztitelaufnahme der Deutschen Bibliothek

Witte, Hedwig:

Wie uns de Schnawwel steht : e. Wörterbuch
rheingau-nassau. Mundart mit Redensarten,
Mundart-Gedichten u. Verzeehlcher /
Hedwig Witte. – 2., überarb. u. erw. Aufl. –
Frankfurt am Main : Haag und Herchen, 1978
ISBN 3-88129-159-8

ISBN 3-88129-159-8

6000 Frankfurt/Main 1, Fichardstraße 30

Umschlagentwurf: Karlheinz Roth, Walluf
Herstellung:
Grenzland-Druckerei Rock & Co., Wolfenbüttel
Printed in Germany

INHALT

Seite

Mir sein mir! – Wann aaner freeht . . .
Macht mer nur kaa Bosse!
Un, wie uns de Schnawwel steht,
wolle mer'n aach losse.
Doch for die, wo nit von hier
un sin „haargeloffe“
lieht hier unser Sprach-Brevier
ganz ausführlich offe.
Wer's b a d u h dann nit bedappt,
is s o ' n dummer Dalwe,
der krieht hochdeutsch aach gezappt –
gradsogut – sein Halwe.

Vorwort

Das bunte Bilderbuch der Rheingauer Landschaft wäre unvollständig, den „hochgesegneten Gebreiten“ fehlte die innere Wärme ohne den herzerfrischenden Klang unserer Heimatsprache. Mag sie dem ungewohnten Ohr auch manchmal derbsaftig und allzu vollmundig klingen, uns geht sie so lieblich und blumig über die Zunge wie ein Rheingauer Riesling. Und damit ist schon gesagt, daß etwas von dem Geist und Körper unseres Weines in ihr lebt, daß sie reif, spritzig oder würzig und duftig sein kann und in funkelndem Spiel alle jene humorvollen Geister und beschwingten Elemente zum Ausdruck zu bringen vermag, die eine uralte Weinkultur den Kindern dieser gesegneten Landschaft zuteil werden ließ.

„Mir strunse nit – mir hun!“ (wir geben nicht an, weil wir haben!). Dieser selbstbewußte Spruch kann in vollem Umfang auch auf den Reichtum unserer Heimatsprache angewandt werden, die nun einmal eine ungewöhnliche Fülle eigenständiger Worte, Ausdrucksformen und Begriffe besitzt. „Rheingauer Luft macht frei“ hieß es schon in alten Zeiten, und diese Freiheit des Geistes und der Person, die den Rheingauer Winzern von altersher eigen war, drückt sich noch heute in der von diesen Menschen geschaffenen Sprache aus.

Und weil der Rheingau ein „Bauernland mit Bürgerrechten“ war und seiner Struktur nach noch heute ist, vereint seine Sprache bäuerliche und städtische Elemente, umfaßt also sozusagen das Sprachgut einer ganzen Landschaft, die unter ähnlichen Lebensbedingungen auf dem Boden der gleichen Sprachwurzel sich entwickelt hat. Es kann darum ohne Übertreibung gesagt werden, daß derjenige, der ein „Rheingauer Lexikon“ aufschlägt, damit den Schlüssel zum nassauischen Sprachgut überhaupt besitzt, ja daß sich damit auch die Herzen unserer Brüder auf der anderen Rheinseite öffnen lassen, die, gleich uns, tausend Jahre als Kinder der gleichen Mutter unter der Obhut des „goldenen Mainz“ gelebt haben.

Eine Sprache ist wie ein Fluß. Beständig strömt ihm Neues zu und beständig wird Altes fortgeschwemmt. Und so ist auch im Lauf der Jahrhunderte manches Wortgut am Rande der großen Völkerstraße Rhein in unseren Sprachschatz hineingewachsen, assimiliert und für den eigenen Hausgebrauch „fassonniert" worden. Die Römer, die Kelten und Franken, die Germanen und Alemannen, ja sogar die Angelsachsen und die Schweden haben Pate gestanden. Ganz besonders großen Einfluß haben unsere westlichen Nachbarn auf unser Sprachbild ausgeübt. Französische Worte und Begriffe sind aus der langjährig gültigen Hofsprache nicht nur in die Oberschicht des Gaues sondern in breite Volksschichten des Rheingaus, der ja schon früh auf hoher Kulturstufe stand, übernommen worden. Wie intensiv diese Durchdringung war, ist uns heute kaum mehr bewußt. Es wird sich im Verlauf dieser Untersuchung zeigen, daß zahlreiche französische Worte, die sozusagen ihren Taufschein verloren haben, mit Rheinwasser neu getauft wurden und heute wie selbstverständlich mit zur Familie gehören.

Überraschend aber, ja, man möchte fast sagen unheimlich ist die direkte Begegnung mit einer oft tausendjährigen Vergangenheit. Stellen wir uns nur einmal vor, daß Karl der Große und später die Eberbacher Mönche Dinge mit demselben Namen nannten, wie wir ihn noch aus dem Munde unserer heutigen Winzer hören! Und gehen wir diesen Dingen nach und suchen diese scheinbar oft unerklärlichen Worte im Wörterbuch der hochdeutschen Sprache, wir werden vergeblich suchen. Vielleicht geht uns da ein Licht auf, welch unverbrauchte Kraft in unserer Heimatsprache steckt, die diese Worte und Begriffe nur durch die mündliche Überlieferung über die Jahrhunderte erhalten hat und die so zum Bindeglied zwischen den Zeiten geworden ist.

Gott sei Dank sind noch sehr viele bodenständige Begriffe, ist das Wissen um uraltes Bauern- und Winzergerät, um Wetterregeln, Kinderreime und Spruchweisheiten im Volke, besonders unter den Älteren, noch bekannt und wird benutzt. In vielen Familien gilt es als Ehrensache, dieses Volksgut bewußt zu pflegen und sich zur heimatlichen Mundart zu bekennen. Jedoch die Zeichen mehren sich, daß diese mündliche Überlieferung, die über die Jahrhunderte wirksam war, in unserer veränderten Gesellschafts- und Familienstruktur heute nicht mehr funktioniert. Die Mundart wächst auf dem Boden eines gesunden Bauerntums und strahlt von dort in die Städte aus. Unser Bauernstand ist im Umbruch begriffen und steht an einer Wende, die ihm soviel konkrete Arbeit abfordert, daß er seine ideelle Aufgabe, Träger des Volkstums zu sein, zeitweise vergessen könnte.

Das wäre ein Grund mehr, die Überlieferung dieser Kostbarkeiten nicht dem Zufall zu überlassen, sondern sie einmal schriftlich niederzulegen, vielleicht als Kraftreservoir für spätere Zeiten und als Damm gegen die Verflachungswelle unserer Zeit.

Keine ausgesprochen sprachwissenschaftliche Arbeit ist hier zu erwarten, wenn die Verfasserin sich auch weitgehend auf bewährte ethymologische Deutungen gestützt hat, die von der heutigen Sprachforschung als Quellenmaterial anerkannt sind. Weil es ihr aber am Herzen lag, ein wirklich volksnahes Nachschlagebüchlein zu schaffen, hat sie sich bei vielen Ausdrücken, die den Charakter der Landschaft besonders verdeutlichen, auf ihre eigene, schon seit ihrer Kindheit erworbene enge Vertrautheit mit dem heimischen Volkstum verlassen.

Wenn zudem mit diesem Wörterbuch erreicht wird, daß teilweise uraltes, oft sogar schon in den Schriften der heiligen Hildegard nachweisbares Sprachgut der Jugend neu ins Bewußtsein gerufen wird und wenn wir es dadurch vor der Gefahr der Überwucherung schützen können, die noch niemals so groß war wie augenblicklich, dann hat es seinen Zweck erreicht.

Die Wiesbadener werden darin viel finden und mit Erstaunen feststellen, daß sie nicht nur gebietsmäßig sondern auch der Sprache nach – echte Rheingauer sind. Auch die Mainzer und die Bewohner des alten nassauischen (heute südhessischen Sprachraumes) werden sich in diesem Lexikon wie in einem Spiegel sehen.

Und all denen, die eines Wörterbuches ja wirklich bedürfen, die gerne auch über die Sprache in nahen Kontakt zu uns kommen möchten – den „Haargeloffenen", die wir so gerne willkommen heißen, soll dies Büchlein ein liebenswürdiger Führer durch das Dickicht unserer humorvollen Ausdrucksweise und damit zum Herzen unserer schönen Heimat sein.

Hedwig Witte

Gebrauchsanweisung für Nicht-Einheimische

(in gutmütigem Spott hierzulande „Haargeloffene“ genannt).

Getreu dem Motto dieses Buches „Wie uns de Schnawwel steht“, sollen die Leser hier auch keine ins Hochdeutsche abgewandelte Rechtschreibung, sondern die einzig waschechte und zünftige Schreibweise für unsere Mundart vorfinden. Nur so geht ihnen der Urlaut unserer Sprache ins Ohr – und vielleicht auch nach einiger Übung – über die Zunge. Die Prüfungsaufgabe für Fortgeschrittene ist die richtige Aussprache des alten Rheingauer Losungswortes: „E fein Weinche“. Nutzanwendung: die Silben ein (Wein, Rhein, mein usw.) werden zwar ausnahmsweise hochdeutsch geschrieben., doch immer **nasal** ausgesprochen. Breites offenes A kommt selten vor und wird hier ah geschrieben. Steht am Wortanfang oder Ende ein doppeltes aa wird es immer nasal (das heißt durch die Nase) gesprochen. In Zweifelsfällen wird dies bei der Worterklärung noch durch die Bemerkung „(nas.)“ hervorgehoben. Beispiel: „Steck der ahch aa aa!“ (Stecke Dir auch eine an!) auch d. h. ahch = offen, die beiden aa = nasal.

Wer nicht vergißt, daß unsere Mundart „wahch“ – das ist weich, weicher am weichsten – ausgesprochen wird, wird im Zuge dieher „Enthärtung“ ganz von selbst dahinterkommen, daß „p“ sehr oft zu „b“, „b“ zu „w“, „k“ zu „g“ und „g“ zu „ch“ oder „j“ wird. – Über dieses alles kann jedoch keine feste Regel aufgestellt werden. So wie schon die Aussprache oft am Anfang eines Dorfes anders ist als am Ende desselben, bleibt die Schreibweise der Mundart, über die es keine festen Regeln gibt, dem Geschmack oder dem Gehör des Einzelnen überlassen. Und nun auf zum fröhlichen Sprach-Kurs!

Ein Wörterbuch rheingau-nassauischer Mundart

A

Ah, die: In diesem Fall die Aue (Insel im Rhein). Diese vom Rhein angespülten und im Lauf der Jahrhunderte oft wieder abgetragenen Rheininseln waren in alter Zeit Gegenstand nicht endenwollender Streitigkeiten zwischen Gemeinden, Klöstern und „unserm hern zu mentze“, wie in alten Urkunden der Landesherr, der Erzbischof in Mainz, genannt wurde. (Daher auch Zank-Aue, Hader-Aue.) Auf der „Lützel-Aue“ oder „Grafen-Aue“, die Östrich vorgelagert war, fand in alten Zeiten die „Landesversammlung“ oder das „Hengerath“, d. h. Haingericht (die Absprache über Landesdinge) statt. Diese Aue mit dem „weißen Stein von Lützelaue“, der Stätte der Gerechtsamkeit, die angeblich nach Ludwig (Lützel) dem Frommen benannt war, ist inzwischen weggespült worden.

Aadarm (nas.) der: Ein magerer, schwächlicher Mensch.

Aadeinche, das: Auch Andeinche, Dimmeldeinche oder Hammeldeinche, ist eine langsame, schwerfällige Weibsperson.

aafällich (anfällig) wird es einem, wenn es ihm schwach, elend, zu einem Anfall neigend, zumute ist. Nicht mit einfältig zu übersetzen. „S'werd mer grad aafällich!“ ist ein Ausdruck mißbilligender Beurteilung.

Aafalt, die: Soviel wie „heilige Einfalt!“, deutet auf einen einfältigen Menschen.

aahalle (wie de Krüppel am Weg) bedeutet mehr, um eine Gunst anzuhalten, zu bitten, ist im Hochdeutschen jedoch nicht mehr gebräuchlich.

aamehrn: Eigentlich einen Teig anrühren. Bildlich: „Do haste awwer ebbes aagemehrt!“ (angerichtet). Das Gegenteil davon ist **„abmehrn“:** Jemanden abfinden. Beispiel: „Das Ort (die Ortschaft) hot sein Bollemooschder (Bürgermeister) abgemehrt.“

Aapacker, der: Ein Topflappen.

abknibbele will einer, wenn er Todesgedanken zu haben vorgibt. „So hordich knibbelt sich's nit ab!" „Knibbele" ist zusammenknoten, „abknibbele" das Gegenteil.

abdischbediern (abdisputieren) heißt, etwas abstreiten. Das Gegenteil – jedoch dem Sinn nach mehr als Beeinflussung aufzufassen – ist „uffdischbediern" = d. h. jemandem etwas aufschwätzen.

abschmiern d. h. verhauen: Züchtigung unartiger Kinder.

absteche tut man jungen Wein von der Hefe in ein neues Faß, um ihn von den Trubstoffen zu befreien.

achele: Ein aus dem Hebräischen in die Mundart aufgenommener Ausdruck für essen.

achiern (mit harten ch) komm vom französischen agir = handeln und wird von jemandem gesagt, der „mit Händ un Fieß in de Luft erum achiert".

achtbasse oder owachtbasse: Soviel wie aufpassen. Verkürzt sagt man auch einfach: „Baß mer emol uff das Kind!"

Ackele, die: Sind Tannenzapfen. Inwieweit sich der Begriff von den Früchten des Eichbaums von Eicheln zu Ackeln verschoben hat, oder ob wir es hier mit der indogermanischen Sprachwurzel ak für alles Spitze zu tun haben, bleibt dahingestellt.

Ängste, die: Die Angst tritt in der Mundart in der Mehrzahl auf.

Ärmeldapcher, der: Inbegriff eines unbeholfenen Menschen, schon mehr eine lächerliche Figur, die vor lauter Unbeholfenheit auf ihre eigenen Ärmel tritt (dapcht).

ärschlings oder ärschlinge: Ein Wort, das schon Goethe gebraucht hat, bedeutet soviel wie „hinnerücks" oder „hinnerschdeverderscht" – d. h. rücklings.

Affegunkes, der: Gutmütig scherzhafte Bezeichnung für einen Menschen, der sich zum Spaß affig gebärdet. Das Mundartwort „Gunkel" (einer, der beim Spinnen den Frauen die Kunkel hält, also sozusagen ein Weiberknecht) mag dahinterstecken (siehe Gunkel).

Ajche! (oder ojche!) ist ein Ausruf, der kaum in einer heimatlichen Unterhaltung fehlt. Er entspricht ungefähr dem hochdeutschen „Oh, weh!", das gleichsam mit drohend erhobenem Finger dasteht, während es für den hiesigen Volkscharakter typisch ist, daß er mit der Diminutivform „ajche!“ schon die optimistische Lebensauffassung zum Ausdruck bringt un das „Üwwelche“ von vornherein verkleinert.

alleh! und „alleh-marsch!“, „alleh witt!“, „alleh-hopp!“ = los, schnell, kommt vom französischen „allez“ = geht, als Befehlsform „allez vite!“, wörtlich = geht schnell!, ist als rein französischer Ausdruck noch heute sehr gebräuchlich. Manche sagen auch: „Alloh!“ was von „allons“ = gehen wir! (frz.) kommt.

alleritt oder „alle Gebott“ heißt soviel wie jeden Augenblick.

allminanner heißt alle miteinander und zeigt unseren Hang, Silben zu verschlucken. Man könnte auch sagen – konzentrierter zu sprechen.

alleweil ist gerade im Moment, soeben.

Du Allmein (nasal) sagt man zu einem Menschen, der alles für sich haben will (ist in dieser Kurzform nicht ins Hochdeutsche zu übersetzen).

als und **alsfort** nehmen im heimatlichen Sprachgebrauch eine Sonderstellung ein und werden oft für den Begriff „immer noch“ verwandt. Beispiel: „‘S werd mer a l s nit besser“ oder „‘S werd mer alsfort schleechter“. Dafür wird aber dann das Wörtchen a l s an anderer Stelle geschont und durch „wie“ ersetzt. „Der is schleechter wie‘n Spitzbub!“.

alteriern, sich, ist ein Wiener Ausdruck für ärgern und mag aus der Zeit stammen, in der österreichische Truppen in Mainz lagen.

Amberaasch, die, kommt aus dem Französischen von „embarras“ = Verlegenheit. Beispiel: „Hall nit so‘n Amberaasch!“ (auch „Umberaasch“), bei uns mehr im Sinne von Umstand gemeint.

Ammeweesje, das: Die Hebamme (die Ammen-Base). Hierin steckt das mittelalterliche Wort „wasa“ und das nassauische Wort „Wäs“ für Frau.

Amschel, die: „Du Amschel!“ ist das liebevoll spöttische Schimpfwort für eine im Denken vorübergehend etwas schwerfällige Frauensperson.

„angel mer nit die Ohrn voll!“ hat nichts mit Angelsport zu tun, sondern mit inständigem Bitten und weinerlichem Quälen der Kinder.

anführn tut ein Bursch ein Mädchen, das er im Elend sitzen läßt (nasführen).

Ank, die: (Das Genick, der Nacken) Hier haben wir es mit einem Musterbeispiel zu tun. Während man dieses Wort vergeblich in den Wörterbüchern bestehender Sprachen sucht, hat es sich fast rein rund tausend Jahre aus dem althochdeutschen „anka" = das Genick ausgerechnet in unserem Dialekt erhalten.

anreesich oder aareesich (nasal) auch „ooreesich", wird einem eine Speise, die man zu oft ißt un die einem deswegen widersteht (kommt vielleicht von anrüchig). Das Gegenstück dazu ist „biereesich", was man mit hinfällig übersetzen könnte „Es is mer ganz biereesich". Nach der Erklärung eines Holzfachmanns bezeichnet man im Wald einen Stamm, der von Bienen ausgehöhlt, also rissig ist als „biereesich".

Anschleh, die: (Anschläge) – das sind meist etwas kostspielige Pläne oder Wünsche. Von einer anspruchsvollen Frau sagt man „Das Mensch hot alleritt annern Anschleh un braucht en Hund, der die Anschleh frißt und davon fett wird".

Ansprach, die: „Jemand die Ansprach halle" heißt in der Mundart nicht etwa eine öffentliche Ansprache halten, vielmehr sich jemandem widmen, auf den man Wert legt und dem man „die Gunn" antun will (siehe unter „G"). Kurz – ihm „e bißje die Ansprach halle", damit ihm die Zeit schneller vergeht.

arich ist ein Mundartwort für arg und sehr gebräuchlich.

s' arm Dier (das arme Tier) zu haben, kann mit einem Katzenjammer nicht übersetzt werden. Es ist schon mehr die ganz große Traurigkeit als solche, dauert aber beim Rheingauer infolge seines sanguinischen Temperaments nicht lange, weil er, wie ein Wort sagt, „Lache un Flenne in eim Säckelche hat".

Atzel, die (Elster) ist ebenfalls nicht mit unserer hochdeutschen Schriftsprache zu vergleichen. Ein Blick ins ethymologische Wörterbuch belehrt uns, daß es sich um einen Abkömmling des althochdeutschen „aggazala" (mittelhochdeutsch = aczel) handelt. Im übertragenen Sinn wird „Atzel" auch für eine diebische Person und „atzele" für stehlen gebraucht.

Die scherzhafte Bezeichnung „Atzelche“ für einen Haarteil oder eine Perücke findet sich nur noch selten.

aushulche = aushöhlen. Wir werden bei der Heimatsprache noch oft auf die Endsilben mit lch, pch, mch als einer besonderen Eigenart stoßen, von der noch die Rede sein wird.

ausknichele = soviel wie ausklügeln – an den Fingerknöchelchen abzählen.

auskreische = jemand in schlechten Ruf bringen, seine Schandtaten überall erzählen. „Da könnt mer ausgekrische wern“, etwas, wovor mancher Respekt hat.

aussewennich ist das Gegenteil von „einwennich“ und heißt einfach außen oder innen.

B

baabesich kommt von Papa, bzw. dem Mundartwort dafür „Baabe“. Ein „baabesicher“ Mensch wirkt spießig, steifleinen, ältlich.

Baages, der: Dieser Baages oder auch „Wutzebaages“ ist ein unappetitlicher Mensch. Daher auch „Pfui Baages!“ als Ausruf des Ekels.

babbele scheint ein typisch deutsches Wort zu sein, doch unversehens schaut dahinter das französische Wort „babiller“ = schwätzen, hervor. Doch damit ist es nicht übersetzt. „Babbele“ hat mehr einen gemütlichen Beiton. So ist ein Mensch, der zum Zeitvertreib schwätzt, schlimmstenfalls ein „Dummbabbeler“, während einer, der dies in bösartiger Absicht tut, ein „Schleechtschwätzer“ genannt wird. „Was gebb eich for mei dumm Gebabbel!“ macht ein Gespräch sozusagen unverbindlich.

babbich (pappig) ist aus dem Hochdeutschen einfach in den Dialekt übersetzt und gehörte daher eigentlich nicht in diese Sammlung. Trotzdem wird es erwähnt wegen der netten Bezeichnung „e babbich Gutsje“ oder auch „e staawich (staubiges) Gutsje“. Gemeint ist damit ein Mensch, der verpappte oder verstaubte Ansichten hat und mit einem alten Bonbon verglichen wird, das irgendwo in einer Ecke liegengeblieben ist.

Bach, d i e : Es ist spaßig, daß in vielen Dialekten dieses Wort weiblich ist. Einem Rheingauer und Nassauer fällt es schwer, „der“ Bach zu sagen. Ist einer am Pleitegehen, dann „geht er die Bach enunner“.

Bachkatze sind glatte Steine, vielleicht aus Bachläufen stammend, mit denen früher unsolid gemauert wurde.

Badallje, die (französisch): Die Schlacht. „In der Badallje“ war beispielsweise ein Kater, der von seinen nächtlichen Streifzügen „verschameriert“, das heißt verwundet, heimkommt.

Bajaß, der, auch „Placke-Bajaß“ genannt, ist das Sinnbild der Fassenacht (kommt von Bajazzo). Der B. ist aber auch ein Teil der für den Rheingau sprachlich so bedeutsamen Dockenkelter oder Baumkelter. Da ist der „Bajazz“ oder „die Bopp“ die Sperrklinke, die oben auf der Spindel sitzt. Hier ist also von einer Puppe die Rede. Setzt man das mittelalterliche Wort Docke für Puppe, hat man schon die Erklärung der Dockenkelter. Weiteres siehe unter „D“ = Dummelbaum, der ebenfalls ein Bestandteil dieser Kelter ist.

Bajes, das: Altes, baufälliges Haus. Mittelhochdeutsch „boije“ für Häuschen. Wie sich solche Bezeichnungen oft unbewußt halten, hat die Verfasserin an ihrem eigenen Anwesen, einer fast 750jährigen Mühle des Klosters Eberbach, festgestellt. Dort heißt der älteste Teil, ein kleines Häuschen, noch heute „Boiche“.

balaatsche ist schon ein Grad mehr als „babbele“, ist vorsätzlich klatschen, auch „tralaatsche“.

Baldes: Abkürzung von Balthasar – gebräuchlicher Schiffername.

Ballje, die: Ein Überbleibsel aus der Franzosenzeit. Eine Waschbütte (französisch: la baille). Alte Leute sprechen noch heute von einem „Zinkballje“.

balwiern = barbieren. Es wird einer „üwwer de Löffel balwiert“ kommt daher, daß der Barbier ihm früher beim Bartschaben einen Löffel in die Backe steckte, damit sie für das Rasiermesser eine glatte Fläche bot.

bambele = baumeln (spanisch bambolear = hin- und herschwanken). „Scheuerbambeler“ war im letzten Krieg der selbstgezogene Tabak, der zum Trocknen in den Scheunen („Scheuern“) aufgehängt wurde. „Der läßt alles henke un bambele“ oder „Häng‘ so kaa Bambelschnut!“

Basquill, die: Alte Bezeichnung für die Drehklinke am Fensterkreuz (aus dem Französischen).

Basseriemche, das: Ein gestreifter Küfer-Zunftkittel, der heute fast nur noch in Rauenthal getragen wird. Erklärung: Die Kauber Schifferleute tragen einen ähnlichen Kittel, den sie „Paß herum“ oder „Paß‘ erümche“ nennen. Diese mehr rheinische Aussprache der Kauber, die ja an der hessischen Sprachgrenze wohnen, wurde im Rheingau zum „Basseriemche“ umgewandelt. Solche Wege gehen oft Mundartworte!

Batschel, der: Ein meist junger Mensch, der sozusagen „zwei linke Füße hat“.

Batschdich!: Soviel wie „plumps“ – wenn etwas hingefallen ist oder einer eine Ohrfeige bekommen hat (von battre, französisch = schlagen). Daher vielleicht auch „batschnaß“ (ein Kleidungsstück das so naß ist, daß es einem um die Beine schlägt).

Batschulles, der: Ein gewandter, geschniegelter Bursche, so ein „Hans Dampf in allen Gassen“, möglicherweise einer, der nach Patschuli duftet.

Batze-Narr, der: Einer, der vom Geld besessen ist.

batte (nützen): Kennen wir aus dem Wort: „Schadts nix, dann batts nix“ (schadet‘s nicht, dann nutzt es auch nicht). In dem Wörterbuch der Gebrüder Grimm wird batten von pala – die Hilfe abgeleitet.

Bawweljottche = Lockenwickel (franz.: papillote).

bedappele oder bekappele = begreifen.

bedatsche: Mit den Händen befühlen, betasten, wobei schon die Befürchtung mit ausgedrückt ist, daß derjenige, der etwas „bedatscht“ es mit seinen Fingern beschmutzen könnte.

bedupse, (auch beduppche, behumse): kann von düpieren, das heißt = „über‘s Ohr hauen“, kommen. In dieser Mundartform auf das Hebräische zurückzuführen.

beduuche heißt soviel wie betreten; „mach so kei beduuche Gesicht!“.

beduddelt, „beknibbelt", „beschickert" oder „beschaskelt" zu sein, ist der noch harmlose Anfang eines Rausches. Auch „Er duddelt sei Fläschche" für geruhsam sich einen antrinken.

beet: Auch „lambeet" ist, körperlich gesehen, ein augenblicklicher Schwächezustand. Im Kartenspiel ist derjenige „beet", der „paßt" (frz.: faire la bête = das Tier machen).

beezele: Ist das aufdringliche Betteln von Kindern um eine bestimmte Sache. „Beezel doch nit so!"

bei: Bei uns geht man nicht zu jemandem sondern „bei" ihn (bei'n). Ein Tüncher tut etwas „beischmier'n" oder „beibutze". „Beischaffe", „beihole" steht für „herbei".

Bein, die: Im Rheingau nicht etwa die Beine, sondern meist eine niedrig gelegene Weinbergslage, von der die Flurnamenforschung herausgefunden hat, daß die Bezeichnung von „boinde" (germanisch: das Gebundene, eine mit Weiden eingezäunte Viehtrift) herrührt.

beluern (eigentlich belauern, luren): Die Sprachwurzel ist in Lureley enthalten. Ley = der Felsen, auf dem man „lurt". In der Mundart ist luern = aufpassen im arglistigen Sinn und „beluern" soviel wie betrügen.

Bembel, der: Hat einen doppelten Sinn. „Bembel" oder „Bubbes" (auch wohl „Flubbes") ist ein sogenannter „Haustrunk" oder auch „Leier", den früher die Weinbergsarbeiter als tägliches Deputat zugeteilt bekamen. Ein Bembel kann aber auch ein Weinkrug – eher noch ein Frankfurter Äppelwoi-Krug sein.

bembele oder auch „klängse", sagt man zu dem dünnen Geläut des Vesperglöckchens, was zu folgendem schlechten Scherz Anlaß gegeben hat: Im Rheingau sollen angeblich die Glocken volltönend „vinum bonum" rufen, während sie auf der gegenüberliegenden „eebsch Seit" (d. h. der der Sonne abgewandten Hügel), nur „Bembel-Bembel" läuten sollen.

Bennerkarrn, der: Hochrädriger Wagen des Benders (Küfers), mit Eisen gebunden und dazu bestimmt, das Küferwerkzeug, Pumpe und Schläuche, zu den Kunden zu befördern.

Bettelvogt, Du: Nennt man ein Kind, das einem keine Ruhe läßt. (Früher war der Gemeindediener der Bettelvogt, der auf das Bettelvolk achten mußte.)

Bettlad', die: Die Bettlade, alter Ausdruck für das Bettgestell (davon auch Totenlade). Von dem alten Brauch, Toten etwas auf die „Lade" zu legen, stammt der alte Ausdruck „er hat ebbes uff de Lad lieje".

bewwele heißt ganz in sich versunken zu lesen. „En Bewwel" ist eine Leseratte.

bickelig (pökelig): Ist die Fleischlake (der Lack), wenn das Fleisch zulange gepökelt wurde.

Bie-Baa (nasal gesprochen): Ist . . . wer rät es? – ein Bienen-Bein, eines der beliebten Mundartscherze oder Rätsel, wie „Schlafsaal" zweckentfremdet ein Seil zum Abschleppen bedeutet, oder „Kartoffelkäfer" ein Aufkäufer von Kartoffeln ist.

Biet, das: Ein Zwischenbrett bei der alten Weinkelter ist uralten Ursprungs (gotisch biuds, mittelhochdeutsch biet = Tisch). Damit war nach alten Sprachforschungen der Opfertisch gemeint, auf dem den Göttern etwas „geboten" wurde.

Bingerkeil (herba mercurialis): Ein Weinbergsunkraut, eigentlich Bingelkraut geheißen.

Blaah, die: (offen gesprochen) – gotisch blahwô – hat sich heute bei uns noch als Bezeichnung für eine große Wagenplane erhalten, hieß früher soviel wie Leintuch.

Blacke, der (auch Placke): Ist doppelsinnig. Er bedeutet in der Mundart sowohl einen Flicken als auch ein Stück Land. Ein pfiffiges Bäuerlein ging mit seinem zukünftigen Schwiegersohn durch die „Gemark" und bekräftigte bei diesem oder jenem Weinberg, an dem sie gerade vorbeigingen, „D e r Blacke is mei" (womit er, wenn er den Flicken auf seiner Hose meinte, noch nicht einmal gelogen hat).

blackig im Gesicht ist jemand, der rote Flecken hat. Der „Blacke-Bajaß" ist in unserem Sprachraum der fastnachtliche „Gott Jokus" wegen seines aus Streifen zusammengesetzten Bajazzo-Gewandes. Auf einen Stock montiert, ist der Blacke-Bajaß das offizielle Szepter des Karnevals-Prinzen.

bleede: „Ich mache mich bleede", heißt „fort" und geht auf das hebräische Wort pletô = die Flucht zurück.

Blockläng', die: Die Strecke von einem zum anderen Weinbergspfahl, die mittels Drähten zum Ranken der Reben verbunden ist. Der Winzer sagt beispielsweise, wenn man ihn nach der Uhrzeit fragt: „Noch e Blockläng bis Meddaach (Mittag)" und rechnet sich nach dem Stand der Sonne und seiner Arbeit ungefähr aus, wann es 12 Uhr ist.

blotsche = rauchen und dabei viel Rauch ausstoßen. Es kann aber geradesogut „schwer und hart hinfallen" bedeuten, z. B. wenn etwas „plotschdich!" auf die Erde fällt, wie „en geblotschte Appel".

blott, auch blottche ist einer, der kein Geld mehr hat. (Von bloß, nackt = holländisch „blott".)

blümerant wird es jemand, wenn es ihm sozusagen schwarz – in diesem Falle blau vor den Augen wird. Die Sprachwissenschaft leitet dieses Wort von der französischen Farbenbezeichnung „bleue mourant" (sterbendes Blau) her.

bobbele: Heißt für die Puppen nähen oder mit Puppen spielen. En „Bobbe-Scheesje" = ein Puppenwagen. „Bobbelche!" ist ein Kosename.

Bock, der: Anlegebrücke der Rheindampfer und Boote.

Böckser: Ein Wein, der einen Beiton (vielleicht nach Bockmist) hat.

Bogreb', die: Eine einjährige Rebe, die halbkreisförmig angebunden, „gegertet" wird und die Trägerin der neuen Ernte ist.

Bollemooschder, der: Der Bürgermeister, vielleicht abgeleitet vom **„Bollesje",** in das man mittels des „Bollezeidieners" gelangte – ein etwas gemütliches Gemeindegefängnis, meist im Turm. Heute nicht mehr vorhanden.

bolzestrack = ganz aufrechtstehend.

Bombel, die (franz. = pompon) = eine Quaste oder Troddel.

Boorsche, der (auch Doorsche): Beim Kraut der Strunk (Torso = Doorsche), beim hiesigen Menschen aber auch das Innere, die Seele, der „Seelsack". „Der

Kummer hot mer grad de Boorsche abgedrückt", sagt man und rückt bewußt und in männlicher Haltung seine Gefühle aus dem Bereich des Sentimentalen, indem man sie vergegenständlicht.

Boot, die = für Rheindampfer ist bereits behandelt worden. Man unterscheidet „d i e Tal-Boot", „die Berg-Boot", „d i e Suppe-Boot" = der Souper-Dampfer und als Glanzstück heimatlicher Schiffersprache „de Salonert", der Stolz der Köln-Düsseldorfer Dampfschiffahrt, der mit rauschender Bugwelle, begleitet von kulinarischen Wohlgerüchen wie eine schwimmende Lichterburg abends in den Rheinorten anlegt und, begleitet von Musik, Gläserklingen und Tanz wie eine Fata-Morgana wieder in der Nacht verschwindet. Das weibliche Geschlecht von „die „Boot", das anscheinend auf dem Wasser vorherrscht, wird unbesorgt auch für die Rheinland, die Vaterland und die Berlin angewendet.

Bordkerch, die: Meist die Orgel-Empore, deren Boden aus Brettern (Boord) besteht. En „Dreiboord" (althochdeutsch driubord) ist heute noch ein Nachen auf dem Rhein.

borzele (auch dorzele = taumeln) ist purzeln. Ein kleiner Bub, der eben laufen gelernt hat, ist „en Borzel" oder auch der „Laafling" (von Läuferschwein abgeleitet).

Bosse sind ein weiter Begriff. „Mach mer kaa Bosse!" ist eine Warnung, nicht wirkliche Dummheiten zu begehen. „Herrschafts-Bosse" werden ironisch kritisiert. Es sind nachgeäffte Gewohnheiten, auch Umstände, die gemacht werden. Der „Koch-Franz" ein altes Eltviller Original, pflegte zu sagen: „For was sin die Bosse do, wann se nit gemacht wern?"

bossele = basteln, etwas in liebevoller Mühe zusammenfügen.

Bott = das Verbot, die Stelle, die man beim „Nachlauf" erreicht, um nicht mehr abgeschlagen werden zu können.

Brabbes, der (auch Brambes oder Schlambes) leitet von selbst hinüber zum hochdeutschen Schlamm, ist aber eine ganz spezifische Mischung Rheingauer Wingertserde mit „Lahme" (Lehm) und „Letch" (Löß), gewürzt mit einem „Werfche" Rheingauer

Humor, das den sonst ekelerregenden Schlamm fast zu einer gemütlichen Angelegenheit stempelt. „Dem Ehm sei Schambesje is vom Maleetebeemche in de Bachschlambes geblotscht un hot sich die Quetsch verbellt.“ Angesichts dieser Pracht-Sammlung heimatlicher Wörter kann die Verfasserin nur sagen – bitte im Lexikon nachblättern! Sie werden alle verdeutscht.

Brascht, der = Gram, Kummer. Im Mittelalter bezeichnete man ein Gebrechen als „brast“. (Brascht könnte also ein Seelen-Gebrechen sein).

Brassel, der: Herrscht, wenn man vor lauter Durcheinander nicht aus noch ein weiß. (Geprassel?)

brattele (beim Vieh gebräuchlich) = einen dünnen Stuhlgang haben.

Bredullje, die: „In de Bredullje“ heißt in Verlegenheit sein. Im Französischen heißt „être en bredouille“ mehr bestürzt, verlegen sein, unverrichteter Sache wieder abziehen.

Brenk, die: Eine flache Holzkufe mit zwei Handlöchern seitlich in den verlängerten Dauben, die beim Abfüllen unter den Zwickel (das untere Spundloch) gestellt wird.

brocke: „Es brockt ganz schön“ sagt man, wenn ein Geschäft floriert und „dicke Brocken“ abwirft.

Brocksel, das: Ein typisches Alt-Nassauer Essen zu festlichen Gelegenheiten und zwar Brotbrocken, in Branntwein eingeweicht. Das Verb heißt: **brockele** = bröckeln.

brotzele: Das Gären des neuen Weines. Hat auch die Bedeutung vom „brutzeln“ in der Küche.

bruddele tut ein Kind, das beim Stricken Maschen fallen läßt.

Brummdippe, das: Ein Spitzname für eine ewig brummende Frau.

Brummdopch, der: Ein Brummkreisel – in übertragenem Sinn jemand, der wie aufgezogen dauernd in Bewegung ist.

Brummelochs, der: Ein Stier, auch „Farn-Ochs“ (von Farren) genannt.

Bull, die: Eine rote Schwimm-Boje im Rhein (Schiffersprache).

Bumbezienes, der: An einer Rüdesheimer Hausmauer steht ein heiliger Johannes Nepomuk, der in alten Familienakten französisch als „nepomucien" erwähnt ist. Auf rüdesheimerisch wurde daraus ein „Nebumezienes" und schließlich ein „Bumbezienes", eine Gestalt, auf die man alles abladen kann, wenn's niemand gewesen sein will.

Bund, der: Ein Gugelhupf, der in der „Bundeform" gebacken wird.

Butt, die: Eine Trage, mit der der Winzer die Trauben aus den Weinbergszeilen zur Bütt' bringt (nicht zu verwechseln mit der „Bütt", in die die Fastnachtsredner steigen).

buttern (oder „ehme") tut eine Wunde, die ein Sekret absondert.

C

Der Buchstabe C ist im heimatlichen Dialekt etwas zu kurz gekommen. Eigentlich müßte man sich darüber wundern. Schlägt man nämlich ein französisches Wörterbuch auf, dann wimmelt es nur so von Wörtern, die mit C beginnen. In unserem Dialekt kann jedoch von wimmeln gar keine Rede sein, obgleich wir doch sehr viele Wörter französischen Ursprungs besitzen. Will man aus dieser Feststellung Schlüsse auf den Volkscharakter ziehen, kann man sagen, daß wir nichts „lehne" (leihen) brauchen und all diese Worte auf deutsche Art schreiben, nämlich mit einem harten „k" oder mit „sch". Uns werden weich-sentimentale Stimmungen, wie sie sich in „les chagrilles" = Kummer äußern, zu handfesten „Schagrille", womit wir mehr „Grillen" meinen. Auch bei dem zierlichen Eigennamen „Jean-Baptiste" nehmen wir das Maul gehörig voll und machen unseren „Schambes" daraus, der auf etwas festeren Beinen steht als sein französischer Nachbar. Das „Schinoos" (wenig vornehm von Schind-Aas abgeleitet und nicht von Chinese) ist ein durchtriebenes Rheingauer Weibsstück. Auch dem „Kriskinnche" (auch „Krischbinche" genannt), ein immer ängstlich piepsendes Menschenkind, ob weiblich oder männlich, das mit Weihnachten nichts mehr zu tun hat, steht diese Schreibweise nicht schlecht zu Gesicht.

Reden wir aber schon einmal von dem französischen Einfluß auf unsere Heimtsprache, der ja nicht abzuleugnen ist, soll einer ganz markanten Tatsache gedacht werden, nämlich der eigenartigen Entdeckung, die die Verfasserin dieses Wörterbuches gemacht hat: Französisch verballhornte Worte finden sich im Bereich unserer Sprache, soweit sie das alltägliche Leben seiner Bewohner angehen, genug. Wir können aber nicht einen einzigen fremdstämmigen Ausdruck in den Bezirken entdecken, die der Rheingauer seit jeher als sein „Allerheiligstes" betrachtet hat, nämlich im Weinberg und im Keller.
Und was ist daraus zu schließen? Daß der Rheingauer als Weltmann wohl mit der Zeit gegangen ist und französische Begriffe eingedeutscht hat, soweit sie das Alltägliche betrafen, daß er aber in die uralte und feststehende Tradition seines Weinbaues keinen „Haargeloffenen" (siehe unter H) hat hineinpfuschen lassen.
Damit aber der arme **Buchstabe C** nicht ganz leer ausgeht, wollen wir noch einmal auf die französische Wort-Invasion des 17., 18. und 19. Jahrhunderts zurückkommen und alle jenen Ausdrücke, die nach Ansicht der Verfasserin nicht typisch Rheingau-Nassauisch sondern mehr Modeerscheinungen ihrer Zeit sind, in einem Gedichtchen zusammenmixen, das ursprünglich auf die Emigranten-Zwiebackstadt Friedrichsdorf zurückführt, die zu Zeiten die Hochburg der geflüchteten Franzosen war. Besagtes Gedicht könnte ungefähr die Anweisungen eines nassauischen Ladenbesitzers an seinen „Kommis" zum Ausdruck bringen.

Schass' de Gickel aus dem Schaddeng-Gaade
alleh, dusswitt, marsch!
Butz' die Mohnder-Scheib im Lade!
Hall nit duschur so'n Rawaasch!
Mußt auch die Fladduse mache,
willste was vermarschandrier'n
un die à la Mode-Sache
de Madamme offerier'n!
For des Dubbeh die Kabottcher,
For die Krolle Bawweljottcher,
Stiffelette aus Baris
for die Kiddericher Fieß!
Waschlafor un Werdigoh,

Trümmoh, Blümmoh, Perdrigo,
Anduka un Parablee
un Bredull' im Portmonneh –
s' werd mer üwwel – Nondedieh!
Babbelste nit wie'n Franzos . . .
werscht die Krembelaasch nit los.
Alleh witt – s'is duttmähmschoos!

D

Dabbes, der: Oder in's weibliche übersetzt: „Du dappich Hinkel!" sagt man zu jemandem, dem es an manueller Geschicklichkeit fehlt. Er ist nicht gerade einfältig zu nennen, aber unbeholfen.

dachtele heißt verhauen oder ohrfeigen. In einem altfranzösischen Wörterbuch fand sich unter „la dague = das Seil, das den schlimmen Bootsleuten über den Hintern gehauen wird – also eine Bestrafung. Das Wort kann auch von grch. dactylos = der Finger herrühren.

Du Dalwe! nennt man einen törichten Menschen.

dapche = tappen.

Deez, der: Der Kopf, mag von frz. la tête stammen. „Faß Dir an Dein eigene Deez!"

Deibhenker, der: „Daß Dich de Deibhenker krieht!" – ein massiver Wunsch, der sich wohl auf des Teufels Henker bezieht.

Dell, die: Eine Vertiefung, ist nach Gebr. Grimm eine Verkleinerung von Tal (talili oder telili). Hierzulande für jede Vertiefung gebräuchlich, früher sogar nach alten Flurbüchern an Stelle von Tal.

demmern = heftig mit den Füßen aufstoßen. In einem Erbacher Flurbüchlein finden wir als Straftat: „Hat dem Herrn Parre sein Waaz (Weizen) verdemmert."

Derf, die = Erlaubnis. „Ich nemme mer die Derf."

dernoochend heißt nachher, hinterher als Zeitbegriff.

Derrlämmer, der: So nennt man mitleidig eine magere Mannsperson. Das weibliche Gegenstück ist die „Hotzelderr". Magerkeit ist bei Landbewohnern nie beliebt gewesen, was sich auch bei den Sprichwörtern äußert.

Dickes! Wird als direkte Anrede von Schulbuben für unbekannte kleine Mädchen gebraucht, ob sie nun dick oder dünn sind. Weitere Anreden dieser Art sind „Männche" von Erwachsenen für Buben einschließlich des Lehrlingsalters. Die „Hofleute" auf den Weingütern nannten früher die Chefin „Madamm" und den Chef „Harr". Erstaunlicherweise gibt es in den Ortschaften heute noch 40jährige, die Respektpersonen und die Eltern mit „Ihr" anreden.

Dickköpp, die, oder „Rotzbarsch" = Rotbarsche, kleine Rheinfische, die nicht viel taugen.

Dickwurz, die = Runkelrüben.

Dingskerje, der: Steht für den hochdeutschen „Herrn Dingsda."

Dippegucker (Topfgucker) sind als Ehemänner unbeliebt. Ein „Dumm Dippche!" ist eine harmlose Person. Auch ein Hut wird „Dippche", „Dohlche" oder „Koppgestell" genannt. Ausspruch einer früheren Eltviller Bürgermeistergattin: „Ar, mein Monn, de Bott, de Bollemooschder, is uff Meenz gemacht (gefahren), seiner Frah en neu Koppgestell kaafe."

Dippekuche, der: Auch Kroppekuche = ein im ganzen nassauischen Sprachraum früher beliebter, im Topf gebackener Kartoffelkuchen.

dippelich sein ist genau auf's Tüpfelchen sehen.

dischbediern ist bereits unter „abdischbediern" gestreift.

Dochtermann, der: Der Schwiegersohn. Das Gegenstück: „Die Sohnsfrah". An Verwandtschaftsgraden hat man anstatt der Basen und Vettern, soweit man nicht „Kusseng" sagt, die „Geschwisterenkel". Noch eins weiter sind nicht „Geschwister-Urenkel" sondern „Geschwister-Ferkel" (von deselb Muck). Wird die Verwandtschaft noch weiter und ist nicht mehr ganz klar, heißt es: „Dene ihr Kellerloch hat in unsern Hof geguckt." Der „Kumbeer" (vom französischen compère = der Gegenschwiegervater) ist als Verwandtschaftsgrad heute nicht mehr bekannt, und wird nur noch im Sinn von „Kumbel" angewandt.

Dockenkelter, die, ist zwar kein Mundartausdruck, aber in ihren Teilen für uns sehr interessant. (Teile derselben sind schon unter „Bajaß" und „Bopp" beschrieben.) Bleibt noch der „Dummelbaum", ein hoher Pfosten, um den sich ein Seil wickelt und damit die Spindel anzieht. Um diesen Baum mußte sich die Familie bis Anfang dieses Jahrhunderts ganz schön „dummele“, d. h. tummeln.

Dohl, die: Wird direkt auf das althochdeutsche dola = die Röhre zurückgeführt und bezeichnet einen Abzugskanal mit einem Kanaldeckel. Ein offenes Rinnsal hingegen ist ein „Floß“. In Rüdesheim heißt ein liederliches Frauenzimmer „en Duhlewutz“.

Dollbohrer, der: Ein absonderlicher Zeitgenosse, der, gleichsam gegen alle Vernunft, das Gewinde noch weiterbohrt, wenn die Schraube längst „doll“, d. h. überdreht, ist. Im Hochdeutschen: „Er dreht durch.“

Dollo, der: Sagt man zu jemand „Du Dollo!“, dann meint man einen ganz und gar verdrehten Kerl.

Doorsche, der: Ist bereits unter „Boorsche“ erklärt.

Dopch, der: Ein spitzer Holzkreisel, vermutlich von top = die Spitze, der mit einer Peitschenschnur angetrieben wird. Früher der Ausdruck höchster Kinderseligkeit. Bei unseren verwöhnten Kindern von heute etwas in Vergessenheit geraten. Ein kleiner Bub ist „en Dopch“. Das Verb des Dopch-spielens ist „dopche“.

Dormel, der: Wen man „Du Dormel!“ nennt, der muß schon ein ganz verschlafenes Individuum sein und sich dumm anstellen. Sollte das Wort aus dem Französischen von „dormir“ kommen oder muß man diesen Dormel schon den alten Römern in die Schuhe schieben? Schließlich haben sie auch schon hier am Rhein gehaust!

dotze kann mit „federnd aufschlagen“ übersetzt werden. „Der Balle dotzt.“

drängelier‘n: Das Wort für drängeln ist so recht ein Beweis für die Tendenz einer Zeit, deutsche Worte mit einem fremden Schwänzchen auszustatten.

Dreckwiwwel, der: Als Anrede sowohl für einen körperlich unsauberen Menschen wie auch für einen charakterlichen „Dreckert“. „Wiebel“ ist im Mittelalter das Wort für Käfer gewesen. „Du Dreckwiwwel!“ heißt also wörtlich übersetzt: Mistkäfer.

Dreimännerwein, der: Im Volksmund ein „saurer Knochen“, zu dessen Konsum drei Männer notwendig sind, einer, zum Festhalten des Trinkers, einer zum Einschütten und schließlich der Trinker selbst.

Fälschlich hat man den „Dreimännerwein“ von der Traminer Traube abgeleitet, doch handelt es sich bei den sogenannten „Dreimännerstöck“, die am Mittelrhein wachsen, um eine Veltliner Traube.

drosse (auch sammedrosse): Etwas zusammenholen, aufspüren (aus dem Troß heraussuchen).

Druse, die: Hier haben wir es wieder einmal mit einem fast 1000jährigen Wort zu tun, das sich nur in der Weinsprache erhalten hat. Drusen sind Hefe-Rückstände im Faß, nachdem der Wein „abgestochen“, d. h. von der Hefe in ein anderes Faß abgelassen ist; althochdeutsch: „druosen“.

Drutschel, du dumm!: Diese wenig anziehende Dame hat etwas mit der „Dunsel“ (ital. donicella, franz. „doncelle) zu tun und bedeutet ein altjüngferliches Wesen, auch Betschwester (Quissel).

Dubbeh, das: (französisch toupé) ein hochtoupiertes Haarersatzteil, das heute (allerdings nicht mehr unter diesem Namen) wieder sehr in Mode ist. Noch im Gebrauch ist aber die Drohung: „Ich haache Der uff's Dubbeh!“

Dubbes mache = harmloserweise etwas beiseiteschaffen. Oft hat die Hausfrau ihre „Dubbeskass'“, das ist „Geld, von dem de Babba nix weiß“ (kommt von düpieren = täuschen, prellen) (siehe: bedupse!).

duchselich = Wetter ist trüb und verduckt. Auch schüchterne Menschen können „duchselich“ sein.

Duft, der: Hier ist nicht etwa ein Wohlgeruch gemeint (der Duft heißt beim Wein „Blimmelche“) Duft ist Nebel mit Rauhreif. „Jetz hat's de Duft krieht“, sagt man, wenn etwas erfroren oder sonstwie eingegangen ist.

dunke wollen sich die „Schlachtenbummler“, hier „Schnutedunker“ genannt, die Schnute in Wein auf den Weinversteigerungen, wo es nichts kostet. Wenn sie den guten Wein wenigstens würdigen, ist es schon recht – aber wehe, wenn an einen edlen Tropfen „en unrecht Schnut drankommt!“

dupche = tupfen. En „Dupcher“ ist ein Stempel. Soll einer bezahlen, sagt man mit entsprechender Fingerbewegung: „dupp, dupp, dupp!“

duschberich hat einen gemütlichen Beiton und bedeutet dämmerig. „Zwische Tag und Duschberich“ oder zwische Tag un Siehstenix“ ist die Stunde der Dämmerung.

dusche = beruhigen (mittelhochdeutsch „tuschen“)

dusswitt un dussmang sind zwei kleine Französchen. „dusswitt = tout de suite“, sofort, und „dussmang“ (frz. doucement = sanft) heißt soviel wie „Nur die Ruhe!“

E

Ebbes heißt, wörtlich übersetzt, etwas.

Eckelebaasch, die: „So‘n Eckelebaasch!“ sagt man abfällig von einem großen Reisegepäck. Das Wort stammt von Equipage = der Kutschwagen.

Eckelhäusje, das: ist ein Eckchen, das sich Kinder abgeteilt haben, kann aber auch ein Kästchen auf kariertem Rechenpapier bedeuten.
Ein kindlicher Abzählvers: „Eckelche, Deckelche, Silber-Eckelche, Eckelche, Deckelche – aus!“

eebsch heißt soviel wie verkehrt, abseitig, auch für einen Gemütszustand! „Sei nit so eebsch!“. Die Rheingauer bezeichnen ihr Strom-Gegenüber oft als „eebsch Seit.“ Auch hier „schluppt“ (schlüpft) zwischen den Zeilen ein mittelalterliches Grundwort heraus, das nie im Hochdeutschen vorkam, nämlich „ebich = verkehrt“.

Eepsch, der: Der Efeu, der von der alten Schreibweise „Eppich“ bei uns im alten Burggemäuer hangen blieb. Die Winzer schließen von der Menge der Beerchen, die dieser „Eepsch“ ansetzt, auf die Weinernte des Jahres.

Eersch, (auch Aersch oder „Handhersch“) bedeutet die Kelle zum Leerschöpfen des vollgelaufenen Bootes und ist ein „schiffiger“ Ausdruck.

Ehm, der = der Onkel und wird dem Vornamen des Betreffenden angehängt. (de Jaab Ehm = der Onkel Jakob, ebenso wie die spaßige Bildung der Tanten- und Patinnenbezeichnung: „Die Sannche‘s-Tant“ oder „die Backese-Goot.“)

ehme oder „buttern“ ist soviel wie eitern.

ehnder = eher, früher. „Ehnder werd en Stückfaß voll als wie Dei Gorjel!" oder „Wann De mich beluern willst, mußte ehnder uffstehn!"

Eierpisch (auch Säupisch) sind Löwenzahn-„Büsche" also etwas Krautiges (leontodon-taraxacum).

Eijei, die: Diese „Eijei", ein für Fremde wegen seiner ganz nasalen Sprechweise sehr schwer nachzusprechendes Wort ist eine Lautmalerei und bedeutet soviel wie eine weinerliche Person, en „Knaatsch". Ebenso schwer ist das alte Rheingauer Losungswort „E fein Weinche" auszusprechen (siehe unter Gebück!).

eist ist soviel wie äußerst. „Wann's eist geht!" ist schon eine ziemlich ernstgemeinte Zusage. Das hochdeutsche „vielleicht" geht dem Rheingauer, der (ob zu Recht?) als etwas unzuverlässig geschildert wird, schon leichter und unverbindlicher über die Lippen.

eiwennich (nasal) ist der Grundbegriff für „innen", ob räumlich oder seelisch. Alles Innere ist „eiwennich".

embern "sich embern" = sich äußern, einen Laut von sich geben.
„Er hot nix geembert" oder „nix gediwwert".

Enk, die: Die „Enk" oder auch „Brenk" ist eine längliche Traubenbütte.

enuffzu's heißt in Richtung hinauf. Fragt man, ob einer die Straße hinauf oder hinteruntergeht: „Micht er die Gaß enuff- oder erunnerzu's?"
Als grober Schädling der heimischen Mundart hat sich bei Leuten, die „foin" sprechen wollen, das Wörtchen „ich geh mal hoch" eingeschlichen. Dies ist ein Unkraut im Gärtlein unserer Sprache, das ihr nicht gemäß ist und deshalb ausgerupft werden muß.

„ere" ist schwer – höchstens mit „welche" – zu erklären. Beispiel: Ein Bub möchte gerne auch Maikäfer haben. Es sagt ihm ein anderer: „Da unne seinere die hunere!" (nämlich Maikäfer).

Erwes, das: Was geerbt wird, ist das „Erwes", das Geschriebene = das „Schreiwes". Dort, wo geschlafen wird, ist das „Schloofes" oder ordinärer „das Leies". Die Rüdesheimer Zimmervermieter sollen angeblich am Bahnhof stehen und die Fremden fragen „Hätter schont Leies?"

Exehaanes, der: Auch dieser komische Geselle ist ein Rüdesheimer. Es ist ein Mann, der so schlecht wie ein „Ecce homo" (leidender Christus) aussieht, und ist ein wenig verwandt mit dem „Bumbezienes" (siehe unter B). Wenn wir schon an den Rüdesheimer Spezialitäten sind, erwähnen wir auch gleich noch einen anderen Ausdruck für einen Menschen mit zerfurchtem Gesicht „Der hot en Gesicht wie'n Lordesgrott" (Grotte im Wallfahrtsort Lourdes), also drei religiöse Begriffe, die ins Alltagsleben übergewechselt sind.

F

Fäng' = Prügel. „Du kriehst Dei Fäng!" heißt dasselbe wie „Du beziehst se!" oder „Du kriehst Dei Schlee!" (Schläge).

fahnselich sieht jemand aus, dem die Haare wie einer „Haar-Eul" gleich Fahnen herumhängen. Man kann auch „fahnselich" in der Bedeutung von zerfahren, fahrig, sein.

Faxe-Bosse = Grimassen, Faxen.

Fedderweiße oder „Rauscher", auch „Bizzeler", ist der leicht angegorene, noch etwas süßschmeckende Traubenmost, der sehr berauscht und eine garantiert „durchschlagende Wirkung" hat. Man ißt dazu „Keschte", das sind zahme Kastanien in der Asche gebraten, auf der anderen Rheinseite auch Zwiebelkuchen – eine mörderische Zusammenstellung!

Feierbumcher, der: Der Schmied, ein Mann, der in's Feuer schlägt (bumcht).

Feier-Deiwel, der: Hat zwar einen männlichen Artikel, ist aber ein böses Weib (auch Feier-Merschel = an sich ein Schürhaken, mit dem man im Feuer „mehrt", das ist rührt).

ferne Wein kommt von Firne (mittelhochdeutsch: virne vin). Manche Weinbauern bezeichnen mit dem „Ferne" einfach den Wein des Vorjahres, während der Rheingauer eine feine „Firne" (einen alten Ton) oft sehr schätzt.

fernsich hingegen schmeckt ein älterer Wein, der keine edle Firne besitzt, sondern, wie dies bei kleinen

Weinen vorkommen kann, nach einigen Jahren nur noch Firne und keinen Körper mehr besitzt.

fernvoll ist der herrlichste Wein-Ausdruck, den es gibt, und bedeutet, noch vom gestrigen Tage her soviel Alkohol-Vorrat im Blut zu haben, daß es nur noch einiger „Werfcher" bedarf, um wieder – dem hochdeutschen „billigen August" gleich – schnell im „Zustand der seligmachenden Gnade" zu sein.

Flabbes, der: Dieser einfältige Geselle kommt aus demselben Stamm und heißt soviel wie „Ohrfeigengesicht".

flackeriche Augen verleiht wiederum der Wein denen, die seine Anregung verspüren. „Flackerhell", das heißt absolut klar, „steht" ein gut behandelter Wein im Glas.

Fladduse = Schmeicheleien. Das Wort ist französischen Ursprungs (flatter = schmeicheln). Jemand „die Fladduse mache", heißt, sich sehr mit ihm beschäftigen und ihm schmeicheln.

flämmse (absengen) tut die Hausfrau das Geflügel zur Beseitigung der Stoppelfedern bzw. Haare über offener Flamme. Etwas Angesengtes ist „angeflemmst".

flappche = ohrfeigen.

flattchern = flattern. Es ist eine Eigenart der nassauischen Sprache, plötzlich dieses scheinbar ganz unnötige „ch" oder „pch" zwischen die Wörter zu bauen.

flenne für weinen ist zwar in mehreren Mundarten vertreten und nicht ganz typisch. Bodenständige Vertreter ihrer Art aber sind die „Flenn-Els'" (ein weinerliches Frauenzimmer), „Es is mer so flennserich" (zum weinen zumute). Das „Flenn-Esse" ist die Leichenfeier, auch „Leich" genannt.

Fliejer, der: Ein Beiboot, ein kleiner Nachen, der an ein größeres Schiff angehängt wird und hinten hin- und herfliegt.

Flittch sind Flügel und rühren wohl von Fittichen her.

flööze ist das Wegschwemmen von Erde infolge starker Regengüsse. Das Wort selbst ist aus dem Althochdeutschen abzuleiten, hat aber eine Parallele in dem hamburgischen „Fleet" = Kanal. „Flööz Dich nit so" ermahnt man einen, der sich herumlümmelt.

Floß, das: Dieses Floß hat ähnlichen Ursprung und ist ein offener Kanal auf Dorfstraßen, in denen noch keine Kanalisation existiert. „Such' en im Floß!" rät man einer Ehefrau, die ihren betrunkenen Mann nicht finden kann.

Flubcher, der: (Wiesbadener Dialekt). Der „Flubcher" ist einer, bei dem alles „flubcht" das heißt klappt. Es ist schon so ein Bruder Leichtfuß, ein rechtes „Schlöppche".

Forch, die: Ist die Furchzeile in Acker und Weinberg, das heißt die äußere Grenze, die nur von innen gelesen werden darf, um keine Nachbarschaftsrechte zu verletzen. In alten Urkunden heißt es: „Der Wingert ist geforcht" (zu dem Nachbarn), woraus sich vor Aufstellung von Flurkarten die Lage der einzelnen Grundstücke erkennen ließ.

Forense, die (von foreigners = die Fremden): Von jeher im Rheingau die sogenannten „Ausmärker", meist adlige Familien, die außer einem Rheingauer Weingut noch einen anderen Hauptsitz hatten. Noch heute nennt man die großen Herrschaftsgüter „die Forense".

frahserlich: Dem unheimlich klingenden Wort hört man schon seine Bedeutung von etwas Dumpfem, Geisterhaftem an. Angeblich soll es sich aus dem gotischen „fraisan" = fürchterlich entwickelt haben. Man fragt sich immer wieder, wie es möglich war, daß die Mundart diese uralten Worte bis heute gespeichert hat.

Fuhrklass, die: Zusammengezogen aus Fahrgeleise, ist die „Fuhrklass" die Radspur, die durch Wagen- oder Trecker-Räder in den Feld- und Weinbergswegen ausgefahren wurde.

Fulder, der: Ursprünglich ein Bewohner Fuldas. „Du Fulder!" ist im Rheingau ein Schimpfwort für einen ungehobelten Menschen. Historisch hat das Wort folgende Bewandtnis: Nach der Kornernte verdingten sich Landarbeiter aus Fulda (vermutlich vom Fürstabt von Fulda, der das Kloster auf dem Johannisberg besaß, herbeigezogen) zum Handdreschen der Ernte bei den Gütern. Und da „Scheunendrescher" noch nie als feine Leute galten, hat sich der Begriff des „Fulders" für ungehobelte Grobiane erhalten.

Funsel, die: Altes zinnernes Rüböl-Licht, ähnlich den biblischen Leuchten der „törichten Jungfrauen". Heute in alten Bürgerhäusern noch vielfach als ererbter Gegenstand erhalten. Von einem trüb brennenden Licht sagt man noch heute: „So'n Funsel!"

Furi, die: „Hall' nit so'n Furi!" heißt: „Mach' nicht so eine Aufregung!" Zorn = lateinisch furia.

G

gaabern tun kleine Kinder, die beim Zahnen Speichel laufen lassen (kommt von Geifer). Gegen diese Unart schützt das „Gaaber-Lätzje", auch „Schlabber" genannt.

Gaadehäsje, das: (Gleichbedeutend mit Stallhase) und nur angeführt wegen des Ausdrucks: „er is so munter wie'n Gaadehäsje". „Gesund" und „munter" sind übrigens im Dialekt gleichzustellen. „Hall Dich munter!" heißt: „Bleib gesund!" „Is Dei Frau widder munter?" – eine Nachfrage nach dem Befinden der Kranken.

Gaagel sind unproportioniert lange Menschen (auch Schlaagel). Auch Pflanzen, die zu geil wachsen, können „gaagelich" sein.

gaalern (das heißt schnattern) tun angeblich die Gänse, wenn es Regen gibt. Dieses Gaalern wird auch auf das Lachen „gickeln" von Mädchen angewandt. Kehrrein leitet es vom mittelhochdeutschen „geilaere" d. h. Töne des Übermuts ausstoßen, ab.

Gaaß, die: Die Ziege, die im Volksmund früher eine sehr große Rolle als „Kuh des kleinen Mannes" spielte (siehe Volkssprüche im Anhang!).

Gaaße-Reffche, das: Sprichwörtliche Futterraufe dieser Tiere (spaßhaft früher auch auf Beichtstuhlgitter angewandt).

Geel-Gaaß, die: Ein nassauischer Jäger-Ausdruck („Gelt-Ricke") für ein unfruchtbares Stück Rehwild.

gählings = jählings.

gapche = hörbar nach Atem ringen.

ganfe = heimlich etwas entwenden; hat mit dem rotwelschen Wort „Ganove" zu tun.

gatting heißt im Nassauischen und auch in Lorch hübsch, ansehnlich. „E gatting Böppche“ sagt man in Lorch. Laut Kehrrein kommt dieses ungewöhnliche Wort von dem gotischen „gadiligg“, das den Sinn von wohlgestaltet hatte, ein Begriff, der ja auch dem Wort „gatting“ zugrundeliegt.

Gauploch, das, (auch die Gaup): Ein aus dem Dach herausgebautes Dachfensterchen, also immer etwas Hervorstehendes, hat eine entfernte Verwandtschaft mit „Kuppe“ (althochdeutsch „kuppha“) oder mit „Gipfel“ (gupfe = der Gipfel). Kinderreim: „Liesje, strecks Fießje zum Gauploch enaus, da komme die Bube un lache Dich aus!“

gauze = bellen (der Hunde), zuweilen auch auf uns Menschen übertragen.

Gawwelhabch, der: Die Gabelweihe. „Er spannt wie‘n Gawwelhabch“ weist auf die Beobachtungsgabe dieser Vögel hin.

„Gebännsel“ oder auch „Gehängsel“ ist eine wegwerfende Bemerkung für ein nicht legales Liebesverhältnis.

Gebück, das, (mittelhochdeutsch gebicke): Ein natürlicher Schutzwall aus gebogenen (gebückten) und ineinander verflochtenen Hainbuchenästen, die wieder nach oben neu ausschlugen und so eine undurchdringliche Wildnis bildeten. Das Rheingauer Gebück, von dem noch Baumruinen stehen, trotzte mehrere Jahrhunderte lang jedem Feind. In den Haingerichtsakten war Schutz und Pflege dieses Gebückes festgelegt. Wer nur einen Zweig abhieb, mußte das mit dem Verlust der rechten Hand büßen. Gebücke gab es im Nassauischen nördlich des Taunus noch mehrere. Bezeichnenderweise hieß das Losungswort, das den Schlüssel zum Rheingauer Gebück bildete: „E fein Weinche!“ (bitte nachsagen).

geckich ist bei uns soviel wie mannstoll. Im Kölnischen ist ein Jeck ein Karnevalist.

Gedanke gewwe heißt, sich über etwas Gedanken machen.

Gedeez, das = Getue. „Hall so kaa Gedeez!“ So wie hierzulande der Konjunktiv von „ich tue“ ich „deht“ heißt, mag das „Gedeez“ aus dem Getue entstanden sein.

Geerschtje, das (auch das „Kreemche“) sind die Liegenschaften einer Familie. „Er hot‘s ganze Geerschtje versoffe.“

Gehäuchnis, das: „Suchste Gehäuchnis?“ ist soviel wie Unterschlupf, Betreuung, Schutz oder Trost. Es mag von „hegen“ kommen.

Gehuck, das (auch „Gelerch“, „Gewerch“) sind alles Ausdrücke für Gerümpel, das unordentlich in Ecken herumsteht.

Gekrisch, das: Ist keineswegs so etwas Häßliches wie das hochdeutsche Gekreische. Im Herbst z. B. werden „Schrai un Krisch abgeleht“ vor Lachen, wenn die obligaten, nicht immer sanften „Herbststickelcher“ erzählt werden.

Geldmück, die: Der letzte Brummer (auch „Schmaaßert“, nasal) der nach altem Aberglauben nicht getötet werden darf, damit das Geld nicht ausgeht.

geelfistisch = ein häßliches fades Gelb. „En geelfistisch Mensch“, eine, die schlecht gebleichte Haare hat.

gell, gellde, gellnit, gelle oder gar gellese: (Gelt, Sie) wird reichlich in die Unterhaltung eingestreut. Es könnte einem Charakterzug entsprechen, sich erst einmal durch solch fragende Zwischenwörtchen allenthalben einer Sache zu versichern, ehe man stur widerrennt.

geiern = gierig nach etwas verlangen.

Geiz, der: „Ich kriehn vor lauter Kält de Geiz in die Finger“ ist schwer in‘s Hochdeutsche zu übersetzen. Beim Traubenlesen bei kaltem Wetter kann man aber diese Erscheinung selbst beobachten. „Geiz-Trauben“ sind die aus Nachblühern später entwikkelten kleinen Träubchen, die nicht mehr rechtzeitig reif werden, auch „Winter-Zotte“ genannt.

gekrecht oder „verkrecht“ heißt mit „Krech“, das sind Knicken, versehen. Bei Lennich :„De Bauer un die Kur von Wissbade“ heißt es: „Mei Glirre sein mer all wie gekrecht.“

Gemark, die: Die Feld- und Weinbergsgemarkung im weitesten Sinne. „Das Kind hot die ganz Gemark sammegekrische“, d. h. alle haben es gehört.

geracktevoll oder „gerabbeltvoll“ = gerüttelt voll. „Der Baum hängt gerabbelt voll“. Da in der Mundart rütteln mit „rabbele“ übersetzt wird (Da rabbelt einer an de Dür) ist die Erklärung naheliegend. Bei Gefäßen mit flüssigem Inhalt sagt man „gestriche voll“.

Gerepch kommt von Reps = der Raps und ist ein abfälliger Ausdruck für etwas, was nicht viel taugt.

Geriss, das: Alle jungen Mädchen haben gern das „Geriss“ (man reißt sich um sie).

Geschnerksel = Leckerbissen.

Gesitt ist Spreu, mit heißem Wasser aufgebrüht, als Rindviehfutter.

geweiht ist man einen, den man los ist. „Den biste geweiht“. Möglicherweise kommt es von “Mit dem bin ich quitt“.

gewerfelt heißt soviel wie gewieft (wörtlich heißt es gewürfelt = kariert). „En gewerfelt Mensch“ = eine, die durch und durch ist.

Gewerzel, das, (Wurzelwerk) oder auch „Gezäwwel“ (von zappeln) nennt man mehrere kleine Kinder, die „durcheinanderwurzeln“. Eingeschlagenes Wintergemüse ist „Krautgewerzel“.

Gezassel, das: Bedeutet etwas, was dünngesät, auch schütter ist („zasselich“). Auch eine zerfahrene Person kann „en Zassel“ sein.

gibbele (gipfeln) = das Abhauen der Triebe am Weinstock, die den Trauben zuviel Sonne wegnehmen. Wird wegen der Hagelgefahr erst Anfang August vorgenommen. „Wann der August fortjagt Blitz un Dunner – dann mach‘ die Gibbele erunner!“

Gichtern, die: Hat weniger mit Gicht zu tun und war früher mehr für Krämpfe der Kinder angewandt. Erwachsene klagen öfter, daß sie vor Aufregung oder Ungeduld „die Gichtern“ kriegen. Sie „kriehn auch die Kränk“ oder „sie kriehn ebbes an sich“ – im Grunde genommen alles nur geschwollene Redensarten.

Gickel, der: Unser Gockelhahn. Ein hahnenkammförmiges Messer zum Ausstechen der Wiesengräben heißt: „De Wisse-Gickel“.

gickele = lachen, albern, „gaalern“.

giegse = im körperlichen und geistigen Sinne sticheln, stechen. „Krotte-Giegser“ oder „Krotte-Petz“ sind böse Buben, die eine Kröte mit Vorbedacht quälen.

Giftmichel! nennt man einen, der voll Gift und Galle ist.

Gimp, die: Ein Abschlußbörtchen, das Polsterer und Tapezierer verwenden.

glehmschlich bedeutet soviel wie „schneekich", wählerisch im Essen, heikel.

glitsche, ausglitsche = ausrutschen.

Gluck, die: Die Bruthenne. „En glucksich Hinkel" sagt man zu allzu besorgten Müttern.

gluhmche = unter der Asche weiterglühen. Hierher gehört auch „gliehnich", was glühend bedeutet. „Der kan nix leije losse wie en gliehnich Eise."

goldich Oos! (Fortsetzung: „mit Worschfettlocke"): Ein Kosename, der nicht unerwähnt bleiben darf.

Goot, die (auch Goda) ist die Taufpatin. Nach altenglischer Auslegung hieß das Wort god-mother (Mutter in Gott). Das jüngere Kind, das bei der Erstkommunion alle weißen Kinder zum Altar führt und als Braut angezogen ist, heißt „Kerzegötche".

grabbche oder „sammegrabbche" könnte, wenn man seinen Sinn, Nachlese im Weinberg halten und die letzten Trauben „sammegrabbche" in Betracht zieht, von le grapillage = die Weinlese herrühren.

Grabbe un Schlinke = Haken und Oesen. Das erstere geht vermutlich auf das französische le grabbe = der Haken zurück. Man sieht, solche Wortstämme treten immer in Knäueln auf. So geht vermutlich auch der „Rappe", das Gerüst der Traube, auf „le grapillon" zurück.

Grackel, der: Das ist eine tüchtige Portion Einbildung und Hochmut. Das Wort kann mit „Schnörkel" erklärt werden und – wir kommen nicht von der Traube fort – ist hier als

„Grickel oder Graugel" = die verschnörkelte Blattranke, mit der das Weinblatt sich am Draht festklammert. (Ob dieser Ausdruck auch etwas mit den gebogenen Gams-Hörnern = Krickeln zu tun hat?)

„grammel mer nit so die Ohrn' voll!": „Grammele und das „Grammeldippe" (die Heulsuse) kommen gleichfalls aus dem Französischen, und zwar von grommeler = jammern.

Grofuß = kriechender Hahnenfuß, früher Krähenfuß (ranunculus repens), ein Weinbergunkraut.

Grotze, der: (althochdeutsch „grobiz") ist das Kerngehäuse von Äpfeln und Birnen. Da der Apfel angeblich Adam im Halse stecken blieb, nennt man den Adamsapfel in der Mundart „Adamsgrotze". Daher wohl auch der nicht sehr schöne Ausdruck: „Ich dreh'n der de Grotze rum!" (die Gurgel).

Grundscholle sind klumpige Erdstücke. „Der worft eim mit Grundscholle" ist ein Delikt unter Buben.

Gruschele = Stachelbeeren (lat. grossularia, frz. groseille). „En alt Gruschel" ist eine lächerliche Weibsperson.

gunne = gönnen, vergönnen. Jemand „die Gunn anduhn" ist, ihn durch eine Unterhaltung ehren – oder auch ihn nicht übergehen.

Gunkel, der: Jemand „de Gunkel mache" (auch Gunkelarbeite tun) sind Arbeiten, die einem Mann schlecht anstehen (wie früher das Halten der Kunkel beim Spinnen). Ein „Gunkel" ist demnach ein Weiberknecht.

Gutsjer oder „Guts": Was wäre Weihnachten ohne Weihnachts-Guts? Im „Struwwelpeter" heißt es bei den braven Kindern: „Bringt es ihnen Guts genug und ein schönes Bilderbuch."

H

haal = trocken. „Es geht so en haale Wind."

Haare, die = Zigeuner. Das Wort ist im hiesigen Sprachraum recht verbreitet. Die wahrscheinlichste Ableitung könnte von dem österreichischen „Hadern", auch „Haderlumpen" herrühren und von den zeitweise in Mainz stationierten österreichischen Truppen stammen. Bis zu der sprachüblichen Beugung von „Hadern" zu „Haare" ist es nicht weit. Dieselbe Beugung ist aber auch bei der Deutung von „Heiden" zu „Haare" möglich, so daß die Zigeuner auch Heiden sein könnten.

Haargeloffene sind zum Unterschied von „Ingeplackte" (die Eingesessenen) die später Zugezogenen, denen es nicht gelungen ist, unseren Dialekt zu erlernen. Der gastfreien Art unserer Einwohner entsprechend, sind diese „Haargeloffenen" absolut ernstzunehmende Mitbürger, die leicht offene Türen finden.

Haar-Eul', die: Ein schlecht frisiertes Kind.

Habch, der: Ist ein Habicht.

hackele heißt jemand auf dem Rücken tragen. Kann von Huckepack abgeleitet sein. „Häckele" dagegen ist, mit einem kleinen „Häckelchen" kurz hacken.

Hackeser oder „Hackesjer" sind die Milchzähne der Kinder.

Hahnebalke, der: Auf diesem „Hahnebalke", der obersten „Sitzgelegenheit" in der Scheuer, sitzt natürlich der Hahn. Man nennt diesen Balken auch „Katzegebälk". Ob es wohl heute noch Kinder gibt, die das alte beliebte Spiel treiben, sich von dort mit dem Seil ins Stroh hinunterzulassen? Rückgang und Technisierung der Landwirtschaft haben auch hier viel Kinder-Romantik zerstört.

Halbscheid, die: Die Hälfte; ein Wort, das noch bei alten Leuten in Gebrauch und – wie könnte es anders sein? – althochdeutschen Ursprungs („halpisceit") ist und die Jahrtausendwende im nassauischen Dialekt überdauert hat.

Hammel, der: Hier ist nicht nur ein männliches Schaf gemeint sondern auch der Schmutzrand am langen „Bambelrock", mit dem die Damen vor 70 Jahren die Straße fegten.

Hammelmäusje, das: Ist ein gemütvolles Wort für Heimchen, Ofengrille, weil sich darin das Wort „haamelich" = heimlich verbirgt, angelsächs. hamâ = die Grille.

Hamputtele, die = Hagebutten. Merkwürdigerweise haben die heimatvertriebenen Ungarndeutschen das Ur-Wort Hamputtele wieder aus ihrer Heimat mitgebracht.

Hanack, der: Begegnet uns als Schimpfwort: „Du Hanack!", was soviel wie Lump bedeuten kann. Ob bei der Bildung dieses Wortes die alte Burg Haneck (das Haneckelche) im Wispergebiet eine Rolle spielte? Wir müssen manche Fragezeichen setzen und unsere Kombinationslust manchmal bezähmen.

Hannebambel, der: Ist ein läppischer Mensch, der alles mit sich machen und alles „henke un bambele" läßt. Ob vielleicht auch noch der „Hahnrei" darin verborgen ist?

hawwe = haben. Es lohnt sich, zum Spaß einmal die vielfältigen Formen dieses Zeitwortes, die in der Mundart vorkommen, in etwa zu konjugieren:
eich hawwe, do hostes, do hoter
do hunmersch, do hattersch, do henses
do härr eich, do hästes, do hätt ar
do härremersch, do hättersch gehett, do hunses gehott.

Hebbesje, das: Das Geißlein, die früher so beliebte „Kuh des kleinen Mannes", hochdeutsch: die Ziege. Im Anhang dieses Büchleins findet sich eine ganze Anzahl von „Sprüchen", die sich auf dieses Tier beziehen.

Hebradel, die: Einfaches Zuggerät zum Hochwinden der Fässer. Soll eine gewichtige Person sich erheben, sagt man, wenn es schwierig ist: „Hol die Hebradel"!

Heckebock, der: Die Zecke, ein lästiges Insekt, das sich in den Schafspelz frißt, und das die Tiere oft vergeblich an Hecken und Zäunen abzuscheuern versuchen.

Heckewirt (Straußwirte) sind Winzer, die nach einem Rheingauer Recht für drei Monate den Tannenstrauß vor die Tür hängen und solange glasweise ihren Wein „zabbe" dürfen.

Helljehäusje, das (Heiligenhäuschen): Hier sind die vielerlei Madonnen, Feldkreuze, Weinheiligen und Feld-Kapellchen gemeint, an denen die Rheingauer Gemarkung so reich ist.

Hemm, die: Nennt man die einfache drehbare Handbremse bei Fuhrwagen, auch „Hemmenik". „Dreh die Hemm zu!" sagt man auch, wenn einer dummes Zeug schwätzt.

Hengel, der: Meist gebraucht für „en ganze Hengel Kinner". Schon mittelhochdeutsch „hengel" kommt von dem Begriff von etwas zusammen Aufgehängtem, z. B. einem Kranz Zwiebeln, einem Kranz Fleischwurst oder dergleichen.

Herbstmuck, die (wörtlich Herbst-Mutterschwein): Hier handelt es sich fast um den letzten Rheingauer Herbstschlußbrauch: die schönste Winzerin, bekränzt und auf dem letzten Faß sitzend, im Triumph auf den Hof zu fahren. Mit einem Schwein hat die Sache nichts zu tun. Das Mädchen sollte, wie der

Brauch es will, möglichst etwas „muckelich“ d. h. handfest sein.

hernoochend = nachher.

Herrgottsdiercher = Marienkäferchen.

herschledderne Aachedeckel (hirschlederne Augendekkel) sind Ledergamaschen.

Herzbennel sind Organe, die es nur in der heimatsprachlichen „Anatomie“ gibt. „Ich hawwe mer die Herzbennel (Bänder) abgerennt“ (oder auch abgeflennt). Ist es einem „herzbennelich“, d. h. schwach, dann ist es die höchste Zeit für einen Schluck Wein.

hibbe = hüpfen, das Hauptwort hierzu ist der „Hibbert“, zum Beispiel: „Die Heuschreck is de Hibbert.“ Mit einem „Hibbertche“ kann ein kleines Mädchen gemeint sein.

hickele = auf einem Fuß herumhüpfen, aber nach Bedarf auch hinken. Beim „Hickelspiel“ hickeln die Kinder nach bestimmten Regeln durch Kreidequadrate, die auf den Bürgersteig aufgezeichnet sind. Die Quadrate heißen „Hickelhäusjer“.

Hinkels-Perch, der: Umzäunter Auslauf für Hühner. Ein Küken heißt „e Bibbesje“.

hinnerschdeverderscht: Eine lustige Lautmalerei, die schon in dieser Verdrehung zum Ausdruck bringt, daß alles wirklich verdreht ist.

Hitzeblitz, der: Hitziger, jähzorniger Mensch.

Hiwwel = kleine Erhöhungen (Hügel, mittelhochdeutsch hübel). Auf solchen Erhöhungen wächst gern „Hiwwelcheskräutche“ = Quendel (thymus serpyllum).

Hoch, das (vermutlich von Haken, was soviel wie „Hooke“ heißt). Nicht etwa ein Wetter-Hoch sondern ein langer „Hooke“, eine Stange, mit der die Schiffsleute ein Boot über den Rhein „scheern“, d. h. staaken.

Hockeweiber sind Marktfrauen (hochdeutsch Hökerinnen), die diesen Namen wohl von ihrer sitzenden Verkaufsweise haben. Sie heißen in Mainz einfach „Hocke“.

Hohl, die (auch die „Huhl“): Ein Hohlweg, z. B. die „Küh-Huhl“, durch die früher die Kühe auf die Weide getrieben wurden.

Hormel, der: Soviel wie ein Schlag auf den Kopf, versinnbildlicht einen ganz schönen Rausch. „Ich haache

Der uff Dein Hormel!" (auch „Holofernes"). „En Kopp wie'n Holofernes" ist ein Zustand des Rausches.

Hosbes, der (im unteren Rheingau Hoschbes): Ist ein schusseliger, unausgeglichener Mensch. Ob hier das französische hausse-baisse = hoch-tief – mitspielt?

Huck, die: Soviel wie Kehrseite. „Ich haue Dir die Huck voll!" kommt vielleicht in der Bedeutung von der Stelle, auf der man „Huckepack" trägt, möglicherweise auch von der, auf der man hockt.

hulche, aushulche = aushöhlen.

Hundskopp, der: Ein gebogener Küfer-Kranen aus Messing, dem Kopf eines Hundes nicht unähnlich.

Hußje, das: Ein nicht gern gesehener Gast = der Gerichtsvollzieher. Einfach eine Übersetzung des französischen „huissier", eine Bezeichnung, die heute noch üblich ist.

hutsche, hutschele ist liebhalten, verzärteln. Schon die heilige Hildegard gebrauchte in ihrem populärmedizinischen Werk „Wisset die Wege!" diesen Ausdruck. (Der Sprachstamm mag von hüten, vor Bösem bewahren, kommen.)

So'n Huwwerack!, sagt man von einem schlechten, baufälligen Anwesen. Kehrrein spricht von „Huwerat" und führt diesen Namen auf das mittelhochdeutsche „hovereite" (Hofreite) zurück.

I

Ickele (das Hauptwort ist „Ge-ickel"): Sich gegenseitig necken (holländisch haakeln).

ieriche oder iedriche (bei der heiligen Hildegard von Bingen: „Wisset die Wege!" mit y anfangend) ist ein sehr altes Wort, das aber keineswegs im Volksmund vergessen ist. Es heißt: geruhsam verdauen, auch dabei aufstoßen. Nach alten tiermedizinischen Büchern wurde das sogenannte „Itrichskraut" (auch Harnkraut = herniaria glabra) den Tieren eingeflößt, die nicht „itrüchen", d. h. aufstoßen konnten.

Ims nennt man den Imbiß am Schluß der Weinlese in Rheinhessen. Im übrigen nassauischen Sprachgebiet ist ein „Ims" eine kleine Mahlzeit, ein Imbiß.

indeierlich (jämmerlich, inbrünstig um etwas bitten)

scheint eine Kombination von inbrünstig und beteuern zu sein.

indellern (siehe unter Dell!): Eine Delle (Vertiefung) in etwas hineindrücken.

ingange!: Der Spottruf für einen, der „eingegangen", d. h. hereingefallen ist.

ingedahn (eingetan) wird einer schon zu seinen Lebzeiten, wenn er so einfältig ist, sich sein „Sach" (seine Habe) „abschlumche" (siehe unter „schlumche") zu lassen.

Iwweldraa (nasal): Übeldran nennt man einen personifizierten Pechvogel.

iwwerhibbele = überspringen.

iwwerzwerch (mittelhochdeutsch „übertwerch") heißt quer oder schräg. Das „iwwerzwerch Lochstück" ist ein beliebtes Stück Rindfleisch zur Suppe.

J

Jaab = die mundartliche Abkürzung von Jakob. „Jupp" oder „Hobbesje" stammt von Josef und „Schambes" von Jean Baptiste.

jaunern (vielleicht ursprünglich: miauen) scheint eine Lautmalerei für winseln, klagen zu sein. „Jauner eim nit so die Ohr'n voll!"

juckele = unruhig auf dem Stuhl hin und herwackeln. „Fortjuckele" = beständig draußen herumfahren.

Juddeknöchelche, das: Warum dieses kleine Knöchlein am Ellenbogen diesen Namen hat, ist unerfindlich.

K

kaarich: En „kaarich Oos" ist eine geizige (karge) Frau. Hier wird „karg" zu „karich" wie auch „arg" zu „arich" wird. Ein männlicher Geizkragen ist ein „Zähbach".

Kaarscht, der (auch „Brücke-Kaarscht"): Ist ein wichtiges Weinbergsgerät und eigentlich nur eine Übersetzung des hochdeutschen Karsts (Hacke).

kabbele = sich streiten. Man sagt auch „Die kibbele sich", wenn der Streit nicht so ernst ist, und hierin hat sich auf den Buchstaben genau der mittelhochdeutsche Ausdruck „kibbelen" erhalten.

Kaft, das: Ein jämmerlicher kleiner Ort (auch Bauernkaft), hat ebenfalls Ahnen aus dem Mittelalter.

Kafte, der: Ein langer, vorne gebogener Vierkantnagel.

Kalfakter, der: Sozusagen ein männliches „Mädchen für alles“. Lateinisch: cale factor = der Schüler, der warm macht (heizt).

Kanalljevuhl, der: Der Kanarienvogel.

Kappes (an sich rheinisches Mundartwort für Kraut, Kohl) ist in der nassauischen Mundart als „Kappeskopp“ vertreten. „Schwätz‘ kein Kappes!“ = rede keinen Unsinn! In Eltville feiert man nach altem Brauch im Oktober die „Kappes-Kerb“. Hier haben wir es mit einem wirklich internationalen und uralten Wort zu tun. Unser nahrhafter und überall beliebter Kappes ist schon im Althochdeutschen als „chapuz“ bekannt und steht in diesem Sprachstamm fast in allen europäischen Ländern auf dem Tisch. Schon die alten Römer kannten ihn vermutlich und nannten ihn „brassica capitata“.

Kascho, das (Betonung auf der ersten Silbe): Wörtlich aus dem Französischen „le chachot“, bei dem jedoch die zweite Silbe betont wird. Es ist schon mehr der strenge Kerker, „das Loch“, während das „Bollesje“ mehr das gemütliche Gemeindegefängnis ist.

Katzeköpp sind drei kleine gedrungene Kanonen zum Salutschießen. Sie gehörten früher zum „eisernen Bestand“ aller größeren Weingüter, die damit das Einbringen des hundertsten Halbstückes begrüßten. Außerdem wurden sie bei der Geburt eines Sohnes, bei der Fronleichnamsprozession und bei Rheinbeleuchtung abgeschossen und mit Schwarzpulver und früher zuweilen auch mit überzähligen Gemeindeakten gespeist.

Katzuff, der: Ein Metzger (Wort aus dem Hebräischen), mehr als Spottwort für diesen Beruf gebräuchlich. In einer Hallgartener Winzergenossenschaft steht heute noch eine „Katzuff-Platte“ auf der Karte.

kaufele = über die Kufe rollen. Schon früher sagte man zu dieser Fortbewegungsart von Fässern „kufelen“. „Er is so dick, daß mer‘n kaufele kann.“

Kaut, die (Verkleinerung Käutche): Ist eine Vertiefung bzw. eine Grube. Schon im 15. Jahrhundert kommt eine Flurlage „Letschkaut" (Lehmgrube) vor. Die „Mischt-Kaut" (Mistgrube), die „Äsche-Kaut" (Aschengrube) und die „Purrl-Kaut" (Jauchengrube) sind wenig wohlriechende Abarten.

Käwwerich, der: Der Käfer.

Kebbert, der (auch Köppert): Ein Kcpfsprung.

Kennel, der: Der Kennel, die Dachrinne. Aus dem lateinischen canalis. Der „Schuß-Kennel" hingegen ist die Rinne, in der ein Mühlbach von der Höhe des Gefälles auf das Mühlrad hinunter stürzt und es antreibt. Drunten läuft er im „Pädderich" (siehe unter P) dann wieder dem „Flutgraben" zu.

Keschte (auch Keste) = Kastanien. Auch hier kann man wieder die spracherhaltende Kraft der Mundart bewundern, die die mittelhochdeutschen „kesten" konserviert hat, während wir im Hochdeutschen längst von „Kastanien" reden.

ketzer doch nit so!: Steht auf gleicher Stufe wie „beezele", „angele", „drängeliern" und heißt um etwas quälen.

Kiez, die: Früher trugen die „üwwerhöher Bauerschleut" Butter und Eier in der „Kiez" (einem Rückentragkorb) in die Stadt. Der „Kitzel" ist ein kleines rundes Kissen, das man unter dem Tragkorb auf dem Kopf trug. „Kitzel" soll von Kätzchen kommen, was auch das folgende Rätsel erhellt: „Es lieht aufem Dach un is so rund wie en Kitzel, fällts erunner, dann steht's auf vier Stützel (Füßen)? Auflösung: Die Katze."

Kihlköpp oder Kihlklötz sind nach Kiedricher Lesart Kegel. Sie könnten freilich auch aus dem Französischen von „les quilles = die Kegel" kommen, was sich geradeso anhört. Es ist aber doch eher anzunehmen, daß die eigenständigen Kiedricher, die aus Vögel „Viehl" machen, sich auch ihre Kegel auf diese Art zurechtfassoniert haben.

kippe tut man mit Ostereiern, indem man mit Spitze und stumpfer Seite die Festigkeit der Schale ausprobiert. Das unverletzte Ei gewinnt das zersprungene. „Kippe mache" heißt, bei einer anrüchigen Sache Halbpart machen – ursprünglich ein Ganoven-Ausdruck.

Kissele = Hagelkörner. „Es kisselt = es hagelt." Vom Kies herrührend?

Klaudern sind leichte Hautschwellungen, Pocken.

kleppern = mit einer Holzklapper klappern. Im Mainzer Fastnachtszug spielt die „Kleppergard'" eine Rolle. Auch in der Kirche wird anstatt beim Meßopfer zu schellen, am Karfreitag „gekleppert". Schließlich ist noch das „geklepperte Ei" zu erwähnen, das mit Rotwein eine beliebte Stärkung ist.

Klickerspiel, das: Eine von Kindern – zumindest früher – sehr ernstgenommene Sache. Der Besitz von Klikkern (Murmeln), die eine feste Währung bildeten, verlieh unter den Buben Ansehen. „Klicker-Bedaurer" sind solche Buben, die nicht verlieren können. Mit dem sogenannten „Spitzklicker" (siehe diesen) haben diese Murmeln nichts zu tun.

kloppe: Soviel wie prahlen, aufschneiden (Sprüch' kloppe).

Klowe!, beschimpft man einen unhöflichen Menschen. Ein „Klowe" ist aber auch ein langer Haken, der beim Gerüstbau verwendet wird. Und als für viele der wichtigste „Klowe" (auch „Kleebche" genannt) präsentiert sich uns eine kurze Holzpfeife.

Klubbe, die: „Den hawwe se in de Klubbe" heißt, „den haben sie dazwischen", ein guter Vorgleich, denn Klubben sind Greifer aus Eisen.

Kluft, die: Die Ofenzange ist ähnlicher Herkunft (altdeutsch von klieben = spalten). „Der is so dreckig, daß mer'n mit de Kluft nit aapacke kann." „En Klüftche" ist ein leichtes Röckchen.

knaatsche ist Lautmalerei. „En Knaatsch" ist ein verwöhntes „verknaatschtes" Kind, das alles mit seinem „Geknaatsch" erreicht.

knappe: Gleichbedeutend mit „stribse, strense" (stehlen). In den Höhendörfern nennt man einen Wilddieb: „Wilbertsknapper".

Kneibche = kleines Küchenmesser (englisch knive, schwedisch knippen).

Knet (von Knoten) sind die Zapfen, die beim Schneiden des Weinstocks als Augen stehenbleiben.

knibbele (siehe auch abknibbele): Etwas zusammen- oder auseinanderknoten. Ein Knoten ist ein „Knibbel", ein „Knaubch" hingegen schon mehr ein Auswuchs, eine Beule.

Klecke (auch Kocke): Ungedroschenes Getreide, das auf dem Stoppelacker aufgesetzt ist.

knoddele oder gar „knulpche" hat den Beigeschmack von mühsam etwas verfertigen, was doch in etwa gepfuscht ist.

Knoorz wäre dann das, was dabei herauskommt, also Pfuschkram (von „knoorze = fehlerhaft arbeiten").

Köbbche, das (auch Tasse-Köbbche): Meist als „e Köbbche Kaffee" gebraucht, stammt entweder von dem englischen „cup = die Tasse". Oder sollten gar die Schweden im Rheingau dieses zum Weintrinken nicht gerade gemäße Gefäß, das sie „Köbben" nennen, hier zurückgelassen haben?

Kochend, das: „E Kochend Gemüs'" ist gerade soviel, wie man für eine Mahlzeit braucht.

Koltertuch, das: Das Leintuch, das gegen die „Kult" (gleichen Ursprungs) geknöpft wird. Mittelhochdeutsch sagte man „colter" und altfranzösisch hieß es „le coltre". Man kann es sich also aussuchen. Die „Kult" – unsere Wolldecke, ist gleichzeitig auch die äußere Hülle der Nüsse. Die Arbeit, sie von der grünen Schale zu befreien, nennt man „kulte".

korzhimmelheilichklaa: Kaputter geht es schon gar nicht.

Krackel, der: „Der hot en Krackel" heißt – der ist eingebildet. Vielleicht liegt im Französischen „la craque" schon der zwiespältige Sinn, der Lüge und Überheblichkeit ausdrückt.

Krachelcher = geröstete Weißbrotwürfel in der Erbsensuppe.

kräckse = stöhnen, jammern.

Krappe, der (auch Zerrkrappe): Ein streitsüchtiges Kind. Wenn es von dem französischen „le crapaud = die Kröte" kommt, hat es einen gewissen Zusammenhang mit der „Krott". In dieser Bezeichnung für kleine oder große Mädchen liegt allerdings noch eine Art von Anerkennung, die sich bis zur „goldich Krott" steigern kann. „Krottegezewwel" schilt schilt man unruhige Kinder.

kraschbele = rascheln, gehört derselben lautmalenden Familie an.

Krawallche: Alter Rheingauer Ausdruck für ein kleines

Hinterstübchen, herrührend von dem Stübchen im Rauenthaler „Nassauer Hof“ das die Keimzelle der Rheingauer Volkserhebung von 1848 bildete.

Krebbele sind das Wahrzeichen der Fastnacht. Wer es nicht kennt, dem sei gesagt, daß es Hefe-Krapfen, in schwimmendem Fett gebacken und in Zucker und Zimt „gewanselt“, sind. Ob wir auch hier von einer Verwandtschaft mit der viel zärteren „crèpe“, der französischen Mehlspeise, sprechen können? Die „Krebbel-Zeitung“ ist eine von Schülern verfaßte Abschluß-Zeitung.

Kreemche, das: Der Gesamtbesitz in Liegenschaften, auch „Geerschtje“.

Krembelaasch mag, dem Sinn nach, eine Zusammenfassung von „Krembel“ und dem französischen „carambolage“ = Zusammenstoß sein.

„Krieh die Kränk!“ ist keine böse Verwünschung sondern nur eine Lautmalerei, die sich gut fluchen läßt.

krittelich = schlecht gelaunt.

Krolle = Locken – die Mehrzahl davon ist „en Krollekopp“ (mittelhochdeutsch „krul“ = lockig) kommt wohl von „kräuseln“.

Kroppe = ein eiserner Brat-Topf, „Kroppe-Kuche“ = ein darin gebackener Kartoffelteig.

Kroppedippedeckelsalzfaß! Wer kann das schnell nachsagen?

Krufter, der: In Rüdesheim ist heute noch „Du Krufter“! als Schimpfwort üblich (ähnlich wie beim „Fulder“). Der Ausdruck geht auf das uralte Gelübde einer Westerwaldortschaft Kruft zurück, die eine Wallfahrt nach Noth Gottes gelobt hatte und heute noch ausführt. Diese „Krufter“ mögen damals ungeschliffene Bauern gewesen sein.

Krumbel, die: Drückfalte in Kleidern. „D e r Krumbel“ hingegen, den man mit jemand hat, ist Streit und Ärger. „Hoste‘n verkrumbelt?“

Krupch, der (von Krüppel): Immer etwas Kleines, Verwachsenes, ob Mensch oder Frucht.

kulche (norddeutsch „kokeln“) = mit dem Feuer spielen.

Kumbe, der: Hauptsächlich als „Suppe-Kumbe“ bekannt, ist eine Schüssel die man im Mittelalter „kumpf“ nannte.

Kummer (auch hier gibt es der und die). Uns interessiert nur d i e Kummer = die Gurke (franz. cocombre). Denn das Wort „der Kummer" existiert in der Mundart nicht. Man hat „Sorche" oder „des arm Dier". Wer aber seinen Schmerz „von sich gewwe kann", d. h. mitteilen, hat ihn schon halb überstanden.

kutschele ist soviel wie kuscheln.

L

„All Laab still!" = ein Schiffsmannsausdruck für absolute Windstille. Man spürt förmlich die Stimmung eines ruhigen Tages, an dem kein Lüftchen das Laub der Weinberge bewegt.

Laad, das: „Des Laad sollste krieje!" Ein frommer Wunsch, mehr scherzhaft zu bewerten. Abwandlungen sind: „Des Gaaße-Laad" oder die „Gaaße-Gichtern" (eine Ziegenkrankheit), „es is mer laad" (es tut mir leid).

Laaderbeem oder „Schrotbeem" = schwere Stangen, vorne mit Eisenhaken zum Einhängen versehen, zum „Schroten" (Herauftransportieren der Fässer aus dem Keller). „Duh Dei lange Laaderbeem eweg!" sagt man einem Überlebensgroßen.

Laafling (Laufling) wird ein Läuferschwein genannt, auch wohl ein kleiner Bub, der gerade laufen gelernt hat.

Laages, der: So etwas ähnliches wie ein „langer Laban".

Labbes, der: Ein weicher Mensch ohne Disziplin.

labeed (auch lambeed): Siehe unter „beet".

Läch schlagen = lauthals lachen.

Lackwerch, „Latwerch" oder „Lackewari" (lat.: electuarium = der Heilsaft und mittelhochdeutsch „lectquerje") ein Begriff, der mundartlich und brauchtümlich interessant ist. Das abendliche „Latwerchkochen" der Nachbarinnen im „Wäschkessel" ging reihum. Oft rührte man mit dem „Latwerchhannes" (Rührlöffel) die halbe Nacht. Die Pfalz heißt oft wegen ihres Reichtumes an Birnbäumen „Latwerje-Palz" und hier wird das Spottlied gesungen:

Mir esse Beern (Birnen)
un trinke Beern
un hun auch Beern
uffs Brot zu schmeern . . .
Vivat Lackewari!

Ladfaß, das: Früher wurde das Ladfaß – ein Halbstück mit Holztrichter – bei der Weinlese in den Weinberg gefahren und die Trauben wurden direkt als Maische in das Faß gemahlen. Heut ist das Ladfaß, das übrigens seinen Namen nicht vom Laden hat, sondern das auf den Tiroler Ausdruck „Laiten" (für Weinberge) zurückgehen soll, nur noch ein Schaustück für Festzüge und dergleichen.

läpsch (läppich, ungewürzt) = reizlos, zu wenig gesalzen.

läppern (auch letsche, plätsche) = Wasser verschütten.

Lahme = Lehm. Etwas tonhaltiger Lehm heißt „Lette". In Aulhausen, Kiedrich und dem untergegangenen Ort „Düppenhausen" bei Marienthal gibt es noch Zeugnisse alter Töpferkulturen. Kunde davon geben die Weinbergslagen: „Dippenerd" und, bezugnehmend auf die Töpfer (Ulner), den Ort Aulhausen und die Kiedricher Aulgasse. Das Vorhandensein solcher Töpferkulturen ist durch Ausgrabungen belegt.

Lahmetreter nennt man heute lahme, faule Burschen. Früher waren es die „Lehmtreter", die mit den Füßen das Material für die Ziegel kneteten.

Laamesieder hingegen (heute gleichfalls im Sinne von jemand ganz Lahmseligen angewandt, waren die „Leimsieder" früherer Zeiten.

Lambri nennt die Hausfrau noch heute die Fußleiste, die im Französischen „lambris" geschrieben wird. Seltener gebraucht wird noch der Begriff

Lamberkeng (lambrequin = die Stuckdecke).

„Lamendier‘ nit so!" oder „Hall kei Lamendo!" kommt vom französischen „lamenter" = klagen.

Ländche, das: Die Gegend des Wiesbadener Hinterlandes, genauer gesagt „des bloo Ländche". Diese Gegend ist früh zum protestantischen Glauben übergetreten und hat unter katzenelnbogen'scher Herrschaft gestanden. Dort haben nach der Reformation die Lorcher Tuchfärber, die wegen ihres neuen Glaubens vom Mainzer Erzbischof verjagt wurden, Aufnahme gefunden und die Pflanze „Färberweid" mitgebracht, mit der man im Mittelalter Tuche blau färbte. Vielleicht daher der Name „bloo Ländche".

lange ist in der Mundart in zweierlei Bedeutung von „reichen“ vertreten. Einmal heißt es: „Lang mer emol den Löffel!“ und dann wieder „Es langt nit hin un nit her“.

lautern, der dritte Bau (das Umgraben) der Weinberge ist ein uraltes Wort. Hier hat sich der rein althochdeutsche Wortstamm „lutare“ fast rein von den ersten Rheingauer Winzern bis heute weitervererbt.

Lebsucht, die: Sind gemeinhin die Lebenskosten. „Die Lebsucht wird immer deurer“, klagt man mit Recht. Schon die heilige Hildegard sprach in ihrem wissenschaftlichen Werk: „Wisset die Wege!“ von der „labezocht“, die man mit Hilfe der Mundartforschung jetzt in ähnlichem Sinn erklären kann. Im Juristischen existiert der Begriff „Leibzucht“.

lech oder verlecht ist ein Faß, das leckt. Auch hier hat sich seltsamerweise die mittelhochdeutsche Form „lech“, die zum heutigen „lechzen“ geführt hat, in der Mundart länger erhalten.

Legel (Leeschel gesprochen) vom hochdeutschen Lögel abgeleitet. Es ist die Unterrheingauer Bezeichnung für die auf dem Rücken getragene Traubenbütte, im oberen Rheingau „Butt“ genannt.

„Lehne bringt Träne“, sagt man und greift unter Umgehung des hochdeutschen „leihen“ direkt auf das altdeutsche Wort „Lehen“ zurück.

Leinpaad (nasal): Leinpfad. So heißen heute noch die kleinen Uferpfädchen, auf denen vor Erfindung des Dampfschiffes die Pferde die Schiffe an der Leine stromauf zogen (treidelten).

Liehbeitel = Lügenbeutel, so nennen sich die Niederwallufer Karnevalisten. Überhaupt spielen Spitznamen von ganzen Gemeinden und Familien im gesamten nassauischen Sprachraum eine große Rolle. Solche Namen erben sich jahrhundertelang fort und sind bei gleichen Familiennamen oft die einzige Unterscheidung.

Liesch, die: Ein vom Faßküfer zum Abdichten der Dauben verwandtes Riedgras (von franz. la laiche = das Riedgras).

Links-Poode oder „Links-Tootsche“ sind Linkshänder. Linkische Menschen haben, der Mundart nach, „zwei linkse Füß!“

„Lins‘ emal um die Eck!“ – „Linse“ ist schief um die Ecke gucken, sozusagen aus der Linse heraus.

Lisbeth = der Kosename für die Rheingauer Sonne, mit der der Winzer sich ja besonders gut halten muß.

liwwern (liefern) heißt im Dialekt soviel wie etwas kaputtmachen. „Haste‘s glücklich geliwwert?“

Lode = junge Rebenranken (auch Lodde). Auch hier findet sich eine althochdeutsche Ahnfrau in „lota“, in dem zugleich der gothische Begriff liudan = wachsen steckt.

lotse = jemand an einen bestimmten Platz locken. Das Wort ist sicher der Tätigkeit des Lotsen im Binger Loch abgelauscht.

lubche ist unter beluern näher erklärt. Eine neuere Erklärung für „lupche“ mit p wäre das Suchen mit der Lupe nach Rebläusen seitens der staatlichen Reblauskommission, deren Mitglieder auch „Luppcher“ genannt werden.

luck (althochdeutsch „lucca“) ist ein Kuchen, der schön aufgegangen ist (von locker).

„die Luft geht“: Das heißt, es weht ein Wind. „Osteluft“ ist Ostwind, jemandem die „Luft abstelle“, heißt ihn würgen.

Lumbe, der: Diese Kategorie der Lappen unterscheidet sich nach ihrer Bestimmung in „Butzlumbe“, „Uffziehlumbe“, „Spül-Lumbe“. Die unterste Klasse von Menschen wird „Lumbezoores“ tituliert. „Lumbemensch!“ kann ein Kosewort für ein kleines Kind, aber auch ein böses Schimpfwort für eine weibliche Person soin. „Sie hot nix im Lümbche“ heißt, daß sie arm ist.

lunsele = der Zustand des halb-Wachens und halb-Schlafens am Morgen (mittelhochdeutsch „lunzen“). Dies Wort ist nur noch bei alten Leuten im Nassauischen bekannt.

M

Maa-Bootcher (nasal) sind übergroße Schuhe, sogenannte „Elbkähne“ (hier vom Main abgeleitet). Dieser Fluß soll insofern gestreift werden, als die Frankfurter Mundart der unsern sehr ähnlich ist, wie schon die köstlichen Briefe der Frau Rat

Goethe an Bettina von Brentano beweisen. Außerdem gehört Hochheim am Main zum Rheingauer Weinbaugebiet. Was die „Bootcher" betrifft, so ist noch eine andere Erklärung möglich. Die Eberbacher Mönche verfertigten die „Botten" (die Stiefel) für die Klosterinsassen selbst. Wir wissen das aus einem Streit zwischen den Patres und den Laienbrüdern, im Verlauf dessen die Laienbrüder dagegen protestierten, die abgelegten „Botten" der Mönche aufzutragen. Da die Zisterzienser aus Citeaux in Frankreich kamen, haben sie sicher den Ausdruck „Botten" von les bottes = die Stiefel mitgebracht.

Mach' mer nur! oder „Mach Sache!" oder auch nur: „Mach'!", ein Ausruf des Erstaunens, zeigt, daß das Verb „machen" in der Mundart vielseitig gebraucht werden kann. „Er macht de Lakai" oder „de Gunkel" (er markiert den Diener). „Ebbes in die Reih mache" hat ein wenig den Sinn von kuppeln. „Er macht nit mehr lang" heißt, daß es mit ihm zu Ende geht. Und schließlich der beliebte Abschiedsgruß: „Mach's gut!"

Mächer, der (weiblich die Mächern): Ist der Hersteller oder der verantwortliche Leiter einer Sache.

maddele heißt ein Kind oder ein Tier so liebkosen, daß es damit gequält wird.

Mahne = Waschkörbe (französisch =la manne) „Mahnemächerschgescherr" sind Korbmacher-Utensilien. Auch Zigeuner oder herumziehende Händler können damit gemeint sein.

majume sagt man in der Mundart, wenn es leicht nieselt. Wenn man das Wort auch vielfach mit dem Mairegen, in dem die Kinder wachsen, in Zusammenhang bringt, so kommt es in Wirklichkeit aus dem Hebräischen und heißt „Wasser". Die Metzger sagen heute noch: „Was fehlt noch an der Wurst?" Antwort: Majum.

Maleete =Aprikosen (malus armeniacum). Sprichwörtlich ist das „Maleetebeemche" (siehe Sprüche).

mandeniern (frz. maintenir = halten) heißt soviel wie handhaben bzw. bewältigen.

mampfe = mit vollen Backen kauen.

Marklupch, der: Der Eichelhäer, der in Goethe's Reinecke Fuchs“ auch „Markolf“ genannt wird. Hier ist eine sehr nette Kombination entstanden, die der Volksmund von „in die Gemarkung lupche“ her deutet.

Märzvajulercher sind Veilchen auf „Kiedricher Art“.

s'Matzebillche von Dotzem könnte man sozusagen eine Fabelgestalt nennen. Ist einer ganz perplex, dann macht er ein Gesicht wie besagtes, nicht existierendes „Matzebillche von Dotzem“. (Dotzheim bei Wiesbaden.)

Mauerträubcher = die zwischen den Weinbergsmauern wachsenden Pflänzchen des Mauerpfeffer.

Meckes, der: Mit dem Unterton: „En schlechte Meckes“ ist der Gaunersprache entnommen und gilt für einen betrügerischen, schlechten Menschen.

mehrn = ein Schiff festmachen (anmehrn und abmehrn siehe unter A).

Meier, der (Vogelmiere): Kein Familienname sondern ein Unkraut, das viele Namen hat; auch „Wuuschtrum“ oder „Huuschtrum“, weil es auf Wusten (Brachland) wächst, oder „Sternkräutche“, ein harmloses, flachwurzelndes Unkraut.

Mengenges bedeutet soviel wie „Heckmeck“ machen. „Ebbes dahermenge“ = undeutlich sprechen. Ermahnung einer Mutter auf dem Spielplatz: „Isolde, Du Dreckmensch, meng' nit so im Schlambes!“

Mensch, das (Mehrzahl: die Menscher): Ist in der Mundart an sich nichts Ehrenrühriges. „Hall' emol solang mei Danzmensch, bis ich widder komme!“, ist keine abartige Bitte unter Freunden. Kräftige Weibsbilder nennt man anerkennend „Staatsmenscher“. Weniger schmeichelhafte Kombinationen verschweigt des Lexikons Höflichkeit.

Merwes oder Merwedeich = Mürbgebäck.

Miraagel, das: „Hall nit so'n Miraagel!“ heißt: Verwunder Dich nicht so! (le miracle frz. = das Wunder). Schmieraagel darf als bekannt vorausgesetzt werden.

Mischtpuddel oder „Purrl“ = Jauche; ein für „unsereins“ unaussprechliches Wort!

Moosche owwe (hebr.) heißt „fein heraus sein“.

Moldruff, der = Maulwurf. Der Name dieses Tierchens läßt das Herz des Sprachforschers höher schlagen, weil sich hier ein selbständiger Begriff aus uralter Zeit in der Mundart erhalten hat, der von „molt“ = die Erde direkt hergeleitet werden kann.

motze ist eine schlechte Angewohnheit und heißt übelnehmen, trotzen. Einem „Motzkopp“ sei folgender Vers gewidmet:

Zieh kei Prutsch
un duh nit motze!
is was futsch
dann losses dotze.

Muck, die = Mutterschwein. Wird auch für eine dicke Frau gutmütig spottend gebraucht. Die „Herbstmuck“ (siehe unter H) ist sozusagen die Herbstkönigin und ein höchst ehrenwertes Mädchen.

Mücke-Platsch, die: Fliegenklappe, auch so ein Wort, das einem waschechten Nassauer als zu „foin“ niemals über die Lippen käme! „Du Mickedormel!“ ist eine sehr herabsetzende Beschimpfung für einen Dummen, der „Fliegengewicht“ besitzt.

„Mudder'sich“ un „Vadder'sich“ spielen, heißt soviel wie „Mutter-ches“, d. h. es im Spiel den Erwachsenen gleichtun (eine sonderbare Redewendung). Als „Mutterkinnche“ wird „Mutter's Liebling“ verspottet.

Mudderstück un Vadderstück: Sind bei Weinschläuchen die entsprechenden Verbindungsstücke aus Messing.

muffele = mit vollen Backen kauen.

„Murr“ in den Knochen haben, heißt soviel wie Kraft, „Mumm“.

Mussick, die (Betonung auf der ersten Silbe): Das Wort wird „zweckentfremdet“ für einen kunstvollen Aufbau verwendet: „Da, jetz sterzt die ganz Mussick samme!“

Muth: Auch eine merkwürdige Wendung im Dialekt. Etwas beabsichtigen, heißt „ebbes Muth hawwe“.

N

Nach-Geschwisterkinner = Vettern oder Basen zweiten Grades, auch „Geschwister-Enkel“ genannt. Man sagt dann nicht, er ist ein Vetter von mir sondern „zu“ mir.

Nachteul, die: Auch „Eule-Käuzje", ein Kinderschreck, der verhindern soll, daß Kinder nachts draußen sind.

„Nacht"-Requisiten sind außerdem: „Nachtskittel", das „Nacht-Esse" = Abendessen, „Nachtgescherr", auch „Bottschamber" genannt oder „Nachtigall".

„Nachtmohls-Biebche" = Erstkommunikant (von Abendmahl oder, wie es im Volksmund auch genannt wird, „Nachtmahl").

„nächst hätt' ich Dich vergesse!" Hier steht „nächst" für beinahe.

Näh, die (auch Neeh): Ein plattes Boot (Nachen).

Nassauer sind einmal die Bewohner des früheren Landes Nassau, im engeren Sinne heute die Einwohner der Stadt Nassau und drittens starke Regengüsse. Am bekanntesten ist der „Nassauer", der auf Kosten anderer schmarotzt bzw. die Gastfreundschaft schindet, d. h. „nassauert". Der Herzog von Nassau stiftete im vorigen Jahrhundert allen Nassauer Studenten, die auswärtige Universitäten besuchten, einen Freitisch. Schmuggelten sich fremde Studenten, die sich als Nassauer ausgaben, ein, so sagte man, sie „nassauerten".

Nauwe, die (Mehrzahl) sind Mucken oder Marotten.

Neechelcher, die = Fliederblüten, früher „Nägelein" genannt. Auch Gewürznelken sind „Neechelcher".

nemmoh! Dieses Rüdesheimer Wort hört sich fremdartig an, ist aber nach Rheingauer Art nur konzentriert ausgedrückt. In diesem einen Wörtchen drückt sich ein ganzer Satz aus: „Nemme se emol aa, he!"

netze = nässen. „Es netzt e bißje" heißt, es fängt an zu regnen. (Man sagt auch „fissele".) Substantivum ist „die Netz" = die Nässe.

nexe = necken.

dappich **Neujahr!** Dieses Kosewort weist auf einen Anfänger hin, der so unbeschrieben ist wie das erste Kalenderblatt im neuen Jahr.

newenausgehn, d. h. ein bißchen nach einer anderen als der eigenen Frau „schilche" (schielen) ist eine Unart, die höchstens an Fastnacht nicht so streng genommen wird.

nie nit! ist – genau genommen – als doppelte Verneinung eine Bejahung, was so recht die diplomatische Ader der Menschen hierzulande charakterisiert, die sich nicht allzugerne festlegen.

nockele = nicken. „Hot er aach genockelt?“ fragen sich die Mädchen beim Vorübertragen der Statue St. Valentins in der Prozession, denn, dem Aberglauben nach, prophezeit der Heilige durch sein „nockeln“, ob ein Mädchen im selben Jahr noch heiratet. Angeblich sollen die Träger der Statue beim Vorbeitragen an der Gruppe der Jungfrauen in Kiedrich dies Orakel selber dirigieren.

Noos, die = die Nase, hat mancherlei Ausschmückungen. En „Noose-Fahrrad“ ist eine Brille. (Weiteres siehe unter Sprüchen.)

Nucke oder auch Naube sind Eigenarten eines Sonderlings.

Nuddelche, das = Schnuller. Er „nuddelt“ am Wein herum – wenn er einem nicht schmeckt.

Nunnedieh! (Nom de Dieu = in Gottesnamen) = ein sehr gemäßigter Fluch, den sicher die Franzosen hiergelassen haben.

Nunne-Ferz = eine sehr beliebte Art von Hefeklößen, die in der Pfanne gebacken werden.

O

Obba! sagt man zu kleinen Kindern, wenn sie aufstehen sollen.

obsdinat (lateinisch: beharrlich im Guten wie im Bösen).

Obste hergehst . . .? (Ob du?), eine Erziehungsprobe.

ohrn als Verb soll vom hebräischen „ohrn“ oder dem lateinischen „orare“ = beten herrühren. „Die ohrn minanner“ die haben Geheimnisse zusammen.

Ohrschlitz, der = Ohrwurm. Im Volksmund auch „Ohr-Schliwwerche“ (Ohrschlüpfer) genannt.

Olwel! tituliert man einen ungeschlachten oder tolpatschigen Gesellen.

Oomutze = Ameisen.

Oos: Ist schon unter „goldich Oos“ und „Chin-Oos“ behandelt. Das Eigenschaftswort ist „oosich“.

„Order pariern!“ heißt oft heute noch die Parole bei der Kindererziehung. Der Spruch „Order pariern oder nach Salzburg marschiern!“ ist mit der österreichischen Armee, die in Mainz lag, zu uns gekommen.

Vermutlich befand sich in Salzburg damals eine Militär-Strafanstalt.

Orschel, die (von Ursula): Ist, im Gegensatz zum „Oos", eine dumme, ein wenig spinnete und exaltierte Person, die sich keiner Beliebtheit erfreut.

P

packe ist gleichbedeutend mit etwas erreichen. „Hostes gepackt?"

Padikel, das (von Kreuzpartikel = ein Stückchen vom Kreuz des Herrn abgeleitet) kommt vereinzelt nur noch vor in dem Ausdruck „Der Wein is so kostbar, daß mer'n schone wie'n Padikel."

palaawern oder „en Palaawer halle" = eine Sache gründlich bereden.

Paldin, der (auch Baldin): Ein langer Wollschal. Er soll von Liselotte von der Pfalz, die an den französischen Hof heiratete, als „Palatine" = Pelzkragen in Frankreich eingeführt worden sein, wäre also ein deutsches Requisit, das unter französischem Namen wieder an den Rhein gekommen ist. „Duh de Paldin um, s'is e wink frisch draus, saat der Mann, da war de Rhein zu."

Pann, die: Die Bratpfanne, dann auch die Rinne an der alten Kelter, die zum Sammeln des Mostes bestimmt ist (auch Profittche genannt). „Panne-Stiehlche" nennt man einen noch ungetauften Säugling.

Parablee, das (französisch: paraplui): Ist der Regenschirm, während „Anduka" (frz. en tout cas = für jeden Fall) ein kombinierter Sonnen- und Regenschirm ist. Heute holt man diese Requisiten der „guten alten Zeit" nebst „Fransemantillche" und „Kabotthut" nur noch am Rosenmontag zum „schnorrn" (siehe dasselbe) aus der „Sonntagskist".

Pattche, das: Das Patenkind, der männliche Taufpate = „Petter" oder auch „Patt" (mittelhochdeutsch „phetter").

pattchern (verpattchern) = ein frischgesätes Land zertreten. (la patte = die Pfote).

pecksiern = etwas anstellen, mit dem Unterton „sündigen", der auf das lateinische „peccare" und das französische „pêcher = sündigen hinweist.

Pedderich, der = der Raum, in dem das Mühlrad läuft. Im Westerwald soll es (nach Kluge) ein Wort „peudern" für Wasser verplantschen geben. Vielleicht ist der daraus entstandene „Peuderich" zum „Pedderich" geworden.

Pefferninnercher = Mohnblumen. Als die Kinder noch nicht so im Spielzeug ertranken, machten sie sich selbst ihre Spiele und stülpten Mohnblüten um, banden ihnen das Röcklein zusammen, sodaß das schwarze Köpfchen wie ein Pfaffenhütchen herausguckte. „Ninnercher" sind Nonnen. „Peffer-Ninnercher" vielleicht Pfaffen-Nönnchen. Doch dies sind, wie so vieles, nur Annahmen.

peife: „Das häste besser gepiffe", kommt schließlich auch im Hochdeutschen vor. „Jetzt kannste bloo peife" = in den Mond gucken.

Peiferickes, der: Einer, den man selten ohne sein „Kleebche" = Tabakspfeife, sieht.

Penunse = Geldmittel, vermutlich aus der Ganovensprache übernommen.

perikel = gefährlich, ist lateinischen Ursprungs. „Es is mer zu perikel."

Perr!: Kommt vor in „Mach' Dich perr!", d. h. fort. Ursprung ist unbekannt (vielleicht lat. „per" = durch).

Persching = Pfirsiche und

Perdrigo = eine frühe Pflaumen-Mirabellen-Kreuzung.

petze = kneifen (althochdeutsch phezzen). En „Petz-Zang" ist eine Kneif-Zange. „Petz-Kuche" sind kleine Waffeln, die man in einem gestielten runden „Petzkuche-Eise" backt (auch „Hiepcher" genannt). Der „Krotte-Petz" wurde schon erwähnt.

Piddelkreemer sind „piddeliche" Menschen, die gern Kniffliches machen.

Pips, der: Ist eine Hühnerseuche. Fühlt sich jemand nicht wohl, sagt man: „Hoste de Pips?"

pischbern = flüstern, mit einem gemütlichen Beiton von Geheimnistuerei. „Seit's Pischbern uffkomme is, versteht mer die Leut nit mehr."

Pitsche = Pfützen; „Pitschedunker" dagegen sind Frackschöße.

Placke-Bajaß, der: Ist unter Bajaß erklärt.

Plärsirmichel ist das, was man heute unter einem „Playboy" versteht.

Platsch, die (auch Pritsch): Die aus Pappdeckel gefaltete Narrenpritsche.

plätsche = stark regnen.

Pläster-Staa (Schdaa nasal gesprochen) = Pflastersteine.

plästern ist nicht nur pflastern, sondern sich zu jemand aufdringlich dazusetzen. „Pläster Dich doch nit als debei!" = fall nicht lästig!

Platt, die: Wird angeführt wegen des Ausdrucks „die Platt butze" = verschwinden. „Verplatsche" ist im Hochdeutschen soviel wie „verpetzen".

Platz, der: Im Volksmund ein Hefekuchen ohne Rosinen, der bei der „Kerb" gebacken wird.

Plooges, der = ein stieseliger Mensch ohne Manieren.

Plooh, die = eine epidemische Krankheit, die alle befällt, meist die Grippe.

Plucks-Karrn, der = ein zweirädriger Karren, mit dem man den Pflug ins Feld fuhr. Heute durch Motorfahrzeuge ersetzt.

Pluns = weiche Blutwurst ohne Grieben und ohne Darm.

Poche oder „Pöchelcher" = harmlose Hauterhebungen.

Podde = die Knospen am Weinstock.

Podhämmel sind – eigentlich auf der anderen Rheinseite – die „Rheinschnaken", die Gott sei Dank keine solche Plage mehr sind wie früher. Erklärung unbekannt.

Pood, die = die Pfote, auch die Hand und darüber hinaus noch eine schlechte Handschrift!

Portschees'jes spielten die Kinder, indem sie zwei Hände ineinander verflochten und das dritte Kind darauf setzten. (Von porte-chaise = die Sänfte, wörtlich „Tragstuhl".) „Komm unner kei Portschees!" ist eine überflüssige Mahnung, so wie „Fall in kein Briefkasten!"

Porwele (Porpeln) = entzündliche Pickel. „En porwelich Gesicht."

power (von frz. pauvre = arm): „En power Röckelche."

Preambel, die: „Mach so kein Preambel", d. h. eine umständliche Einleitung zu etwas Selbstverständlichem. Die „Präambel", ein offizieller juristischer Ausdruck, bedeutet ebenfalls Einleitung (Vorsatz) zu einem Schriftstück (Vertrag).

preebele = quängeln, lamentieren.

Preh, das (die lateinische Vorsilbe prae): Heißt in diesem Falle „Vorrecht" oder auch „Vorkaufsrecht". „Er hot des Preh druff."

pressant = eilig.

Prisje oder „Pris": „En empfindlich Pris" = jemand, der nicht gut etwas aushalten kann.

pritsche: „Jetzt sin mer awwer gepritscht" heißt soviel wie hereingelegt. Mag in dieser Form von der Pritsche des Prinzen Karneval herrühren.

Profittche, das: In dreifacher Bedeutung so recht ein Lieblingskind der Mundart. Erstens ist ein profitlicher, geldgieriger Mensch damit gemeint, zweitens die Sammelrinne für den Most der von der Kelter abläuft (auch die „Pann'" genannt) und drittens – entsprechend dem Prinzip des Sammelns, Auffangens – auch die Glastülle an Kerzenleuchtern, die das herabrinnende Wachs auffängt. Weil hier von einem Profit die Rede ist, hat man dieses Wachs sicher früher wieder zu neuen Kerzen verarbeitet.

Progeraader, der: Ein Nörgler, der immer etwas zu „progeraadern" hat. Ursprünglich war der „Procurator" ein juristischer Grad im nassauischen Staat. Unvergessen und in die Geschichte des Rheingauer Weinbaus als der „alte Procurator" eingegangen, ist der Hattenheimer Weingutsbesitzer Wilhelmy, der den Rheingauer Wein international bekanntmachte. Man nannte ihn auch den „Wein-König" und seinen Sohn den „Geigerkönig".

„Prostemahlzeit!" heißt soviel wie „Jetzt haben wir die Bescherung!"

prozesse muß keine Gerichtsprozedur bedeuten. Es ist mehr ein halb gemütliches Schimpfen.

Puddelbiene = Hummeln (Herkunft unbekannt).

Puddelpump, die: Kann eine Jauchepumpe sein, aber auch – zu bewundern ist hier die Treffsicherheit des volksmundlichen Humors – eine ähnlich geformte lange gebogene Tabakspfeife.

purinzich ist die Steigerung der Wahrheit, von „pur" und „rein" zusammengezogen.

Prutsch, die: „Zieh kei Prutsch!" heißt: Mach keinen Schmollmund!

Puschkopp, der = ein Struwwelkopf.

Putch, der = etwas Kleines, Schmächtiges – eine zärtliche Benennung für ein etwas schwächliches Kind. Ob dieser „Putch" von den Putten, den kleinen Liebesgöttern herstammt, die die Stuckdecken und Barockfriese in Schlössern und Kirchen schmücken? „Verputscht" = wärmebedürftig, nicht abgehärtet, verfroren.

putschverrückt oder „putschnarrisch" heißt vollkommen und bis zur Verblendung verliebt. Das Gegenstück zu dem kölnischen Adjektiv: „knatschjeck".

Q

quabbelich fühlt sich etwas Feucht-Schlüpfriges, Weiches an.

quack hat die Bedeutung von quicklebendig und ist uns beispielsweise aus den Schriften der heiligen Hildegard als queck im gleichen Sinne überliefert.

Quaddele = plötzlich auftretende, breite Hauterhebungen, die auch schnell wieder verschwinden.

Quadratlaatsche = große Schuhe, auch „Quante" genannt.

Quadutter, der: Heute der Inbegriff eines Nörglers oder Querulanten, könnte sehr gut von dem „Ko-Adjutor" kommen, einem gewissen von Dalberg, der nach Aufhören der geistlichen Kurfürstenherrschaft in Mainz die halb geistliche, halb weltliche Macht des Übergangs in die neue Staatsform repräsentierte. Da solche Neuerungen beim Volke selten Gnade finden, war die Person des Ko-Adjutors sicher unbeliebt, was sich in dem Mundartausdruck im negativen Sinne niedergeschlagen hat.

Quecke = das Unkraut, das so „quack", d. h. lebendig ist, daß es dem Landwirt viel Arbeit macht.

Quellbrüh = Wurstsuppe und die Brühe, in der das Wellfleisch gekocht wird.

querch = soviel wie „zwerch" (siehe dasselbe).

Quellkartoffele sind identisch mit hochdeutschen Pellkartoffeln. Diese rühren von „Pelle“ = die Schale her. Unsere „Quellmänner“ aber werden „gequellt“, d. h. im Dampf gargesotten.

querjele = quängeln.

Quetsche-Kuche, der: Was wäre eine Rheingauer oder Nassauer Kerb ohne dieses Symbol? Beim Zählen sagt man merkwürdigerweise: „Einmal Quetsche, zweimal Quetsche usw.“

Quetsche-Newwel sind die morgendlichen Nebel (auch „Traubendrücker“ genannt), die die letzte Süße in den Wein und auch in die Zwetschen drücken. „Ich hun der die Quetsch verbellt“ = heißt den Kopf blaugeschlagen.

Quissel, die = eine bigotte alte Jungfrau (Betschwester).

„Quitteschnitz sin gut gege Frost un Hitz.“ Früher kannte man kein Weihnachtsfest ohne diese getrocknete und gesüßte Quittenpaste, die hübsch geformt und mit Zuckerglasur verziert wurde und noch dazu gesund war.

R

Raab, die = einem Rabenkopf nicht unähnliches Handwerkszeug (die Blitzzange). Der Rabenvogel hingegen wird zum „Rabert“.

Raachschwalb‘, die = die Rauchschwalbe; im übertragenen Sinn für eine wirklich dreckige Frau gebraucht. „Die hot sich awwer bees geraacht“ heißt: zu ihrem Nachteil verändert.

Rabchhinkel = Rebhühner.

Rachebutzer, der: Ein so saurer Wein, daß er alles Schädliche mit hinunterspült.

„rack“ haut es einen um, dem es zu klotzig kommt. „Rack hoter do geleeje“ sagt der Kiedricher. Das Wörtchen mag von „stracks“ = der Länge nach – kommen.

radibutz (auch ratzebutz) aufessen, heißt etwas so sauber vertilgen, als wenn es „der Ratz“ verputzt hätte. Übrigens ist dieser „Ratz“ keine Ratte, sondern die Einheitsbezeichnung für Iltis und Hausmarder. „Er schläft wie‘n Ratz“. „Jetzt sin mer awwer verratzt!“

raffig nennt man eine Person, die ein „einnehmendes Wesen“ hat und gerne alles zusammenrafft, was sie bekommen kann. En „Raffel“ ist ein lückenhaftes Gebiß (auch Zahnraffel), auch als Spottwort für Kinder gebraucht, die ihre Milchzähne verloren haben.

Ralles, der = eine däftige, alte, schon ein bißchen ausgeleierte Strickjacke, in der man sich gemütlich fühlt.

Rambes, der (auch Rambas): Ein armseliger und dabei saurer reizloser Wein.

Randefu ist ein Alt-Wiesbadener Wort und heißt nicht etwa „Rendez-vous“ sondern Hausputz. Die Hausfrau gibt sich im Frühjahr eben ein „Rendez-vous“ mit ihrer Putzwut (Butznarrischkeit).

Ranke, der: „En Ranke Brot“ = einmal um's Brot herum.

Rappe, der: Kein schwarzes Roß und auch keine Schweizer Währung, sondern das Gerüst der Traube. Vorstehender „Rambes“ hieß früher einmal „Rappes“ und kann durch allzuscharfes Auskeltern der „Rappen“ zustandegekommen sein. Im Geschmack erscheint dann naturgemäß ein solcher „Haustrunk“, der nicht in den Handel kommt, „rappsich“.

Ranze, der: Außer der Bedeutung Schulranzen noch als „Bauch“ gebräuchlich. „Ich hammer de Ranze geflickt“ (mich sattgegessen). „Die hat de Deuwel im Ranze.“

Ratzefummel, der = der Radiergummi im Schüler-Jargon.

Rauhbautz, der = rauher Geselle.

Raul, die (Verkleinerung: Räulche): Schmaler Durchgang zwischen Häusern (z. B. das Wiesbadener „Kercheräulche“ hinter der Bonifatiuskirche).

Rauschdebeutel, der: Eine allzu temperamentvolle, leicht aufbrausende Frau.

Rawaasch, die: „Hall nit so'n Rawaasch!“ Das Wort ist von „le ravage“ = die Verwüstung, Verheerung (auch der Umstand) „eingedeutscht“.

Rawattchestreter (auch Peedchestreter) sind riesenhafte Schuhe, den Holzbrettchen gleich, die man sich unterbindet, wenn man Pfädchen oder Rabatten festtreten will.

Rech, der = eine leicht abfallende Halde oder Böschung. (Dieses Wort kommt häufig in Flurbezeichnungen vor.)

Reche, der = soviel wie hochdeutsch „Harke"; „rechele" demgemäß auch „harken". „Derr wie'n Reche" – ist schon sehr mager. Der „Hunger-Reche", der den Stoppelacker vom letzten Halm säubern soll, ist ein breitzinkiges, langes Gerät.

Rechte, die: Wird wegen des Ausdrucks: „Ich sein uff zwei Rechte ingelade" erwähnt. Dies ist ein sehr alter Ausdruck, der noch üblich ist.

rechter = besser. „Rechter häste's gelosse."

rediriern, sich = sich zurückziehen (frz. se retirer).

„Redurkutsche" fahrn nur freitags." Diese Retourkutschen sind vorwitzige Antworten, die eine Anschuldigung zurückgeben.

Reff, das: Ursprünglich eine Futterraufe („Gaaße-Reff"), ist zu einem wenig schmeichelhaften Ausdruck: „Du alt Reff!" für eine „reffige", d. h. dürre Person geworden.

regalliern = jemanden etwas anbieten, vorsetzen, antun, (Aus dem französischen regaler) Regalen waren Abgaben und Gefälle, denen wir in alten Akten begegnen.

Reibche, das: Ist im Rheingauer (Hattenheimer) Sprachgebrauch ein Teil der Wagenbremse (anderswo „Hemm" oder „Hemmenik" genannt). Im gesamten nassauischen Sprachraum bezeichnet es außerdem ein kleines Reibeisen.

Reifling = im Boden vorgetriebene Schnittreben vom Mutterstock, die wie die „Inleger" oder „Häng-Ärsch" vom Mutterstock durch Absenkung und Bewurzlung im Boden vermehrt werden. Aus Gründen der Reblausbekämpfung darf jedoch keine eigene Pflanzung sondern nur wurzelechtes Holz auf Amerikaner-Unterlage verwandt werden, das der Reblaus nicht schmeckt.

„Rein un richtig" oder auch nur „rein" ist eine Bekräftigung und heißt soviel wie „ach wirklich!"

Reinklaue = Reineclauden.

Remisje, das (auch Piffche): Ist kein Wagenschuppen, sondern aus unerfindlichen Gründen in Rüdesheim und Bingen ein Zehntel-Literglas.

Rebe-Welle (auch „Rebe-Reiser" oder „Robbsel-Welle") = der Abfall beim Rebschnitt; er wurde früher zusammengebunden, zum Feuermachen im Herd verwendet, heute hingegen draußen verfeuert.

Renne (widerrenne): Ist im Hochdeutschen in diesem Sinne nicht üblich: „Renn der nit Dein Deez!" = Stoß Dir nicht den Kopf!

Rensel, das = ein Ränzelkörbchen.

Riefe oder „Striefe" sind Rinnen, auch Streifen. Ein sitzengebliebener Kuchen ist „wasserstriefig".

rieje (aus der Schiffersprache) ist das Fortbewegen eines Nachens durch Staaken mit einer langen Stange.

Rilwes ist ein Schimpfwort, das vielleicht von Rüpel abgeleitet ist.

Ringeldaub, die (die Ringeltaube): Ist in unseren Breiten anscheinend etwas Seltenes. Deshalb wird auch ein seltenes Ereignis so genannt.

Rippedeckel: Ein Ausdruck aus der Metzgersprache, ein beliebtes Stück Ochsenfleisch, ebenso beliebt wie das „Laaderstück".

Riß, die: Mannsleute machen unter sich manchmal „schlechte Riß", das sind üble Späße.

risselich ist die Milch, wenn sie geronnen ist.

Ritsch, die (Rutsche): Ein steiler Abhang, der mit Glatteis bedeckt ist. Die „Schosseh-Ritsch" hingegen ist ein Frauenzimmer, das immer „auf Achse" ist, um Nachrichten einzusammeln.

Alle Ritt! (auch „alle Gebott"): Heißt soviel wie alle Augenblicke, dauernd.

ritzerot (intensives rot): Gehört in die Kategorie der Farben: Gritzegrau, blitzebloo, schlooßeweiß, quittegeel, schuckeschwarz, grasegrün.

Riwwelkuche, der: Der Streuselkuchen, ein unentbehrlicher Festkuchen bei Kerb, Hochzeit und Beerdigung. (Von „riwwele" = reiben, was ja mit den Streuseln geschieht).

riwwelschroh zu sein ist soviel wie „en Gesicht wie'n Riwwelkuche", also einen unreinen Teint, zu haben.

riwweltrocke ist der höchste Grad von Trockenheit.

Rock- un Mützjes-Tür'n = Geteilte Stalltüren, vor allem für Pferde, damit die Ställe leichter zu lüften und doch verschlossen sind.

Roll, die = ein vierrädriger Pferdefuhrwagen (mit oder ohne Seitenbretter) zum Transportieren größerer Lasten.

rollse ist ein so treffsicherer Ausdruck, daß man ihn mit einem Wort gar nicht übersetzen kann. Er bedeutet ungefähr sich beim Spielen balgen und dabei hin- und herrollen. Eine „Buwe-Rolz“ ist ein noch sehr junges Mädchen, das lieber mit Buben als mit Mädchen spielt und deshalb verspottet wird.

Römischkehl = Mangold. Kohlarten bezeichnet man im Nassauischen allgemein mit „Kehl“. In der Volksmedizin legt man „Römisch-Kehlblätter“ als Pflaster gegen „Schweern“ (Geschwüre) auf.

Rooches, (ch hart gesprochen) der: Ist jüdischer Herkunft und bedeutet soviel wie „Zorn“. Hierher gehört auch die „Raasch“ = ebenfalls Zorn. „Bring mich nit in die Raasch!“

Rootes, das = das Rathaus. Auf dem Dorf geht man uff's Rootes“ nicht in dasselbe, oder „uff die Gemaa“ (nasal), und will ein Stadtbewohner zur Stadtverwaltung, dann geht er „uff die Stadt“.

roppe = rupfen oder noch mehr: unsanft reißen. Ist ein Mädchen beim Tanzen begehrt und hat sie „das Gerіß“, dann wird sie förmlich „verroppt un verrisse“.

Roppdievuhl, der (zerrupfter Vogel): Nennt man ein unordentliches, schlecht gekämmtes Mädchen und einen Vogel, der in der Mauser ist. Nochmals unterstrichen wird diese Ungepflegtheit durch den Ausdruck: „Verroppter Bobbekopp!“

Rosebrockele = Rosenkohl, der in alten Kochbüchern manchmal als „Brokkoli“ bezeichnet wird.

Rossel, die = der alte, halbzerfallene Wachturm über der Burg Ehrenfels bei Rüdesheim, der, gemeinsam mit dem Mäuseturm (Maut – d. h. Zollturm) im Mittelalter zur Überwachung der Zollvorgänge auf dem Rhein diente. Der Name „Rossel“ kann mit „Rasseln“, das sind mittelalterlich gesprochen „Felsen“, erklärt werden. Es gibt jedoch Sprachforscher, die ihn gerne von „la rochelle = kleiner Fels“ auslegen möchten, weil gerade hier oben in der Nähe des Jagdschlosses die französisch beeinflußte Hofhaltung des barocken Grafen Maximilian Amor Maria von Ostein, dem der gesamte Niederwald gehörte, ihren Sitz hatte. Auch die verschiedenen Naturspielereien wie der Irrgarten wurden von diesem Schloßherrn angelegt.

Rotche! nennt man liebevoll ein rothaariges Mädchen.

Rotzbarsch sind flinke, kleine Rheinfische, die sogenannten „Rotbarsche".

rücke (rücken, nachrücken) wird angewandt für das Zurechtsetzen des Schlagholzes im Wald. Man sagt auch „die Podde rücke", wenn aus den Knospen am Rebstock die „Gescheine" (die spätere Traubenblüte) vorrücken.

Rummelse (oder Dickwurz) sind Runkelrüben. Um Martini schnitzten sich die Kinder (heute tun sie es wohl kaum mehr) „Rummelsmännercher", die sie von innen beleuchteten und als Fackeln herumtrugen.

S

Sach, das: Genau wie das „Kreemche" so ist auch „das Sach" der Grundbesitz, den einer hat. Oft wird auch ein Mädchen „wege seim Sach" geheiratet. „Mach Sache!" ist ein Ausruf der Verwunderung.

Sackerdjeh! Ein aus dem Französischen übernommener Fluch (sacre Dieu = heiliger Gott!). Auch „Sakramach!" ist ein bodenständiger Fluch. „Sackermendier' nit so!" ist eine Mahnung, die oft angezeigt ist. Nit **„sacksbennelswert"** heißt soviel wie „nicht der Mühe wert".

Sackschatz, der: Ein Heiratskandidat zweiter Güte, den ein Mädchen sich auf alle Fälle im Sack, d. h. in der Tasche hält, wenn kein anderer mehr anbeißen sollte.

Sai-Bitt, die = der Schweinetrog – eröffnet den Reigen der „Schweinereien", die alle als absolut salonfähig betrachtet werden. Das „Säuche" (das Schwein) liegt wohlverwahrt im „Sai-Kaitche" (in der Schweinebucht). Ist es geschlachtet, wird es in der „Sai-Muhl" (Brühmulde) gebrüht, usw.

Sai-Deiwel, der: Bezeichnet schon ein Schwein in Menschengestalt. Die „Wein-Sau" war im Mittelalter eines der Weinschiffe des Klosters Eberbach und ist benannt nach dem Wappentier dieses Klosters, dem Eber – volkstümlich „die Sau“ genannt. Zwei weitere Weinschiffe der Mönche, die übrigens auf dem ganzen Rhein Zollfreiheit für ihre Weine genossen, waren „Bock“ und „Pinth“.

Salonert, der: Der Köln-Düsseldorfer „Salon-Dampfer“ wird in der Schiffersprache so genannt. Die Endsilbe „ert“ zeigt in der hiesigen Mundart immer etwas Männliches an: „Der Rabert“ = der Rabe, „der Gansert“ = der Gänserich, „der Kröbbert“ = der Kropf, der „Krottert“ hingegen die Kröte.

samme. Die Verbindungen mit dieser Vorsilbe interessieren uns, weil sie in die Mundartbedeutung oft kleine Unterschiede gegen das hochdeutsche „zusammen“ zeigen. „sammedemmern“ = zusammentreten, kaputtreten, „sammeläute“ = zusammenläuten (vor Beginn des Gottesdienstes) und zwar mit allen Glocken. „Das Kind hat die ganz Gemaa (nasal) sammegekrische“, d. h. daß alle Bewohner ob dieses Geschreis zusammengelaufen sind.

Schabbel, die: Eine kranzartige Verbindung aus Messing von zwei Schlauchenden. Auch hier hat das Mittelhochdeutsche mit „schappel“ = das Halsband, Pate gestanden.

Schaff, die: Ist die Arbeit schlechthin. „Was hat mer sei Schaff!“ „En schaffich Mensch“ ist eine arbeitsame Frau. „Ich schaffe mich heim“ heißt soviel wie „ich mache mich auf zum Heimgehen“.

Schagrille sind schon unter C behandelt worden.

Schank, der: Dieser „Schank“, auch das „Schänkelche“, sind keineswegs Druckfehler sondern in der Mundart unbedingt für das Wort Schrank heute noch gebräuchlich. Diese Worte haben einen beachtlichen Ahn im spätmittelhochdeutschen „schanc“, der dieses Möbelstück bezeichnete.

Schanne-wege (Schanden wegen) ist der knappe und treffende Ausdruck für eine im Hochdeutschen recht langatmige Erklärung, etwa: „Damit man sich vor den Leuten nicht schämen muß.“

Schanz, die: Gemeint ist hier die „Mapper Schanz“, das einzige noch erhaltene Bollwerk mit dem Torturm, der das Rheingauer Gebück (siehe dasselbe) abschloß.

Schawellche, das: Ist ein Schemelstühlchen, das sicher aus dem lateinischen „scabellum" entstanden ist. Man sagt auch in der so beliebten Duplizität „Schemelschawellche".

schasse = jagen, hier: Hinausjagen und kommt von franz. chasser = jagen. „Schaß' die Hinkel aus dem Schaddeng-Gaade!"

Schauerleut = Wahrschauer, d. h. Lotsen, wie sie an der gefährlichen Schiffstrecke des „Gebirgs" im Binger Loch gebraucht werden, um die Schiffe sicher an den zahlreichen Felsen vorbeizuleiten. „Schauer" hat, laut Kehrrein, noch den Sinn eines Schutzes vor Wind und Wetter (mittelhochdeutsch schuren). Auch das Wort Scheuer = Scheune entstammt vermutlich dieser Wortwurzel.

Schebber, der: Die Schöpfkelle.

Scheckel, die: Eine alte Schachtel, die ihren Ehrennamen vermutlich auf die Ideenverbindung mit einer gescheckten Kuh zurückführt.

Schees, die (frz. la chaise, die Kutsche): Dieses Pferde-Vehikel ist praktisch aus dem Straßenbild verschwunden. Kombinationen sind: „Kinnerschees", „Bobbescheesje", „Scheese-Gäulche", „Scheese-Weechelche".

Scheitche, das: Ein kleiner Nachen (holländisch = Schuit).

schenant oder auch „schimberlich"; hier rührt „schenant" wohl auch von Schande und „schimberlich" von Schimpf her.

schenne = schimpfen. Schimpfen zwei Leute aufeinander los, dann „beschenne se sich". Schenne wird auch häufig für „nennen" in etwas abfälligem Sinn gebraucht. „Er schennt sich Doktor" oder: „Ich losse mich doch von Dir nit dumm schenne!" (nennen). An und für sich hat „schenne" den Sinn von „schänden", blamieren.

schenerees (generös), das heißt großzügig tritt jemand auf, der die „Spendierhose" anhat.

Schenie, das: Hier ist nicht die Genialität gemeint, sondern eher eine glückliche Gemütsart, die einen Menschen mit gewissen Lebensumständen fertigwerden läßt. Das berühmte „Rheingauer Schenie" äußert sich in der etwas leichtlebigen Art, die angeblich hier Land und Leute kennzeichnet. Ist einer für eine bestimmte Aufgabe wie geboren, sagt man „Er hot's Schenie defor".

Schelch, die, ist wieder ein Ausdruck der „Schiffigen" und bedeutet ein breites Ruderboot. „Maa-Schelche" (nas.) sind, ähnlich wie die „Maa-Bootcher", überlebensgroße Schuhe bzw. Stiefel.

schepp ist im gesamten nassauischen Sprachraum soviel wie schief. Wo kommt es her? Dreimal dürfen wir wählen: Entweder aus dem mittelhochdeutschen „schepp" oder dem urgermanischen „scipp" – oder (wir wollen auch den Römern einmal ein Wort gönnen) aus dem lateinischen „scaevus". Ein „schepper Knoche" oder gar „en Scheppseckel" ist ein unaufrichtiger, verbogener Charakter.

scherbsich, d. h. etwas scharf und säuerlich kann Wein schmecken, wenn er eine kleine Nachgärung durchmacht und „scherbst" (von Schärfe). Eine sorgfältige Kellerbehandlung schließt solche Fehler aus.

scher'n = rudern. Ein „Scherbaum" ist ein kleines Boot.

Scherzebennel = Schürzenband: An diesem Requisit einer Hausfrau will kein rechter Mann hängen.

Scheuer, die (Scheune): Siehe unter Wahrschauer. In der Nachkriegszeit nannte man den selbstgezogenen Tabak, den man in der Scheuer zum Trocknen aufhängte „Scheuerbambler"; bambeln = hängen.

schibbele oder „kaufele" (d. h. rollen) kann man, bildlich gesehen, eine dicke Frau. Man kann sich auch „schepp" oder „schibbelich" lachen.

Schiffige sind Schiffsleute bzw. Rheinschiffer.

schilche (schielen) heißt „schepp gucke" und geht erstaunlicherweise wörtlich auf das mittelhochdeutsche „schilchen" zurück – wieder eine Überraschung, wie sie uns die Mundart so oft bietet. Mit „schilche" zu tun hat „scheel", das ist schielend. „Scheel Oos!" deutet auf Hinterlist.

schimmele tut kein junges Mädchen gern. Gemeint ist, wenn sie beim Tanzen sitzen bleibt, also ein „Mauerträubche" ist.

Schinnanger, der: Auch die „Schinnkaut" weisen noch auf das Handwerk des Schinders hin, das im Zeitalter der Müllverbrennung längst ausgestorben ist.

Schilwe sind Krusten auf der Haut bzw. auf dem Eis, jedenfalls immer etwas schieferartig Abblätterndes.

Schlaah (offen), die: Ein schwerer Schlaghammer, den die Küfer benutzen. Dieses fast 1000jährige Handwerkszeug tritt uns bereits in der althochdeutschen „Slaga" entgegen.

Schlabbe sind Pantoffeln, und zwar recht ausgetretene Laatschen. „Gleiche Brüder gleiche Kappe" (Mützen), gleiche Schwestern gleiche „Schlabbe" drückt eine Gemeinsamkeit aus. En „Schlapp" = eine unorentliche Frau (auch „Schluri").

„Schlabber nit!" ist eine Aufforderung, beim Essen nichts zu verschütten.

Schlambes (auch Brambes oder Brabbes) wurde bereits unter letzterem Begriff (siehe B) analysiert.

Schlauder, die: Das ist ein merkwürdiges Wort, wenn man sagt, daß man einen, von dem man sich einen Vorteil verspricht „auf de gut Schlauder halle muß".

Schlickse ist der hochdeutsche „Schluckauf".

Schliern oder „Schweern" = Geschwüre. Das erste Wort kommt bereits in dem medizischen Werk der heiligen Hildegard vor.

Schlinke, der: Einmal der Türgriff (Dürschlinke), ein anderes Mal bei „Krappe un Schlinke" der Haken. Man sagt auch wohl d i e Dürschlink.

Schlinkelstreich sind die Streiche eines Schlingels.

Schlockerfässje, das: Wird beim Mähen umgehängt und dient als Behälter des unentbehrlichen Wetzsteines für die Sense, der in diesem Fäßchen hin- und herschlockert.

Schlodde (französisch: chalottes) ist das oberirdische Zwiebelkraut.

Schlooße sind plötzliche, schauerartige und dabei kalte Regengüsse (auch „Hülle" genannt). Es kann dabei auch Hagel oder Eisregen vorkommen. Deshalb spricht man bei einem reinen Weiß vielleicht auch von „schlooßeweiß". In einem mittelhochdeutschen Minnelied: „ir bein wâren wîzer dann ein slôz".

Schlumbel, die: Wenn ihr oft auch Arme und Beine wakkeln, wird die gut, alt „Schlumbel", die alte Puppe, von den Kindern zärtlich geliebt. „Schlumbelich" ist soviel wie schlampig. „Klaa Schlumbel!" hingegen ist ein zärtlicher Kosename für ein Wiegenkind.

schlumche ist etwas weit unter Preis jemandem abhandeln (abschlumche).

Schlupp, die (auch Schluppche): Das Boot (frz.: chaloupe).

Schlüppche, das: Ein junger Mann, der es faustdick hinter den Ohren hat.

Schluri, die: Ist der „Schlumbel" in ihren schlechten Eigenschaften fast gleich. Auch hier finden wir im Mittelalter das Gegenstück, den „slur", einen faulen, langsamen und unlustigen Menschen.

schlutzern muß man so recht hörbar ein feines Tröpfchen Wein (schlürfen).

Schmaassert, der (nasal) = die Schmeißmücke, die der Volksmund durch Anhängen der so beliebten Endsilbe „ert" vermännlicht.

Schmeißgaß, die: Wurde früher eine Rüdesheimer Gasse benannt, an deren Ende altes Geschirr zerschmissen wurde. Diese Gasse hieß auch „Kleppergass", weil dort in der Karwoche gekleppert anstatt geläutet wurde.

Schmierlabbes, der: Wäre eine Weiterentwicklung des an sich unsympathischen „Labbes" – kurz ein äußerlich und innerlich schmieriger Mensch.

Schmiesje (von frz. le chemise = das Hemd) war in sparsameren Zeiten ein vorgetäuschtes Kleidungsstück, und zwar ein vorgebundenes sogenanntes Vorhemdchen „Schmisettche", das nur aus Kragen und Latz bestand. Diese Kombination war auch einzeln zu haben und die betr. Ausstattungsstücke hießen dann: „Brist (Hemdbrüste) und Kräje (Kragen)".

Schminzje, das: Ein zartes, schwächliches „schminziges" Kind.

Schmu mache (auch Dubbes mache), zwei Ausdrücke vermutlich hebräischen Ursprungs. Zweigt die Hausfrau vom Sonntagskuchen noch ein „Schmu-Küchelche" für den in der Fremde weilenden Sohn ab, ist das ebensowenig ein Verbrechen wie das Vorhandensein ihrer „Dubbes-Kass" im Küchenschrank, wo sie in bescheidenem Maße Geld spart, „von dem de Babba nix weiß".

schmudich Wetter ist schwüle und drückende Temperatur.

schnappe (in diesem Falle für hinken gebraucht) ist ein uraltes Wort, das auf das mittelhochdeutsche „snapen“ = straucheln zurückgehen soll, und in dieser Form im Hochdeutschen nicht mehr vorkommt. Ein „Schnappert“ ist ein hinkendes Wesen.

schnause oder „schnuggele“ (naschen) ist nicht ganz dasselbe. „Schnuggele“ ist einfach gern Süßigkeiten essen, während „schnause“ noch den Beiton von entwenden hat (en „verschnuckelt“ und en „verschnaust“ Kind).

Schnedderedeng, die: Eine lautstarke Schwatzbase.

Schneek, die: Auch „schneekich Gaaß“ (wählerische Ziege) ist meist ein Kind, das im Essen heikel ist. Die Eigenschaftsworte davon sind „verschnerkst“ oder „verschneekelt“.

schneppe ist ein Originalgewächs der Mundart. „Der Karrn schneppt“ heißt, daß er „üwwerlästich“ geladen ist und deshalb hinten oder vorne hochgeht („schneppt“). Die Nutzanwendung sehen wir in der „Schnepptaille“, die immer hinten aus dem Rock rutscht, im „Schneppkarrn“ oder „Bennerkarrn“, einem zweirädrigen Küferwagen, der in Balance gehalten werden muß, und in dem „Schneppgurt“ beim Pferdegeschirr. Man sagt auch, „der Rock schneppt“, wenn er hinten kürzer ist als vorne. Man sieht, daß unser Hochdeutsch leicht in die Gefahr gerät, volksfremd zu werden, wenn es solch treffende Ausdrücke des täglichen Lebens abstößt.

Schnettes, der: Das gebogene Winzermesser, mit dem man früher den Rebschnitt durchführte. Im Rheinhessischen „Schnitzeisen“ (mittelhochdeutsch: sneitisen) genannt.

Schnooke sind in feuchten Jahren die Plagegeister des Rheins, auch „Rhoischnooke“ und überrheinisch „Podhämmel“ genannt. Im allgemeinen ist der Rheinbewohner immun gegen ihre Angriffe. Früher war die Plage noch größer, und ohne Fliegenfenster und Moskitonetze konnte man in Häusern am Rhein nicht schlafen. Die chemischen Bekämpfungsmaßnahmen haben hier viel gebessert. Spaßigerweise nennt das Hochdeutsche diese geflügelten Unholde nicht „Schnaken“ sondern Mücken, und das, was wir Mücken nennen, „Fliegen“.

schnorrn ist soviel wie betteln (auch im Hochdeutschen). Es wird erwähnt wegen eines typischen Fastnachtbrauches am Rosenmontag. Dann gehen die Narren beiderlei Geschlechts in unkenntlicher Aufmachung, die sich oft schon seit Generationen weitervererbt hat, „schnorrn". Sie suchen die Wirtschaften heim, um den versammelten Honorationen einmal im Fistelton unerkannt die Meinung zu sagen. Zum Lob des Rheingauer Weins sei gesagt, daß dieser die „Schnorrer" fast ausnahmslos vor Geschmacklosigkeiten bewahrt und daß oft sogar Geist und Humor von diesen „Schnorrern" verzapft werden.

Schnorres, der: Der Schnurrbart. Der auf den Weinverversteigerungen aus den Gläsern in Glas-Bembel zurückgeschüttete Wein heißt „Schnorres-Bembel". Die Bugwelle, die sich am Bug eines Rheindampfers kräuselt, wird in der Schiffersprache „Schnerresje" genannt und die alten „Schiffigen" erkennen daran schon von weitem „die Boot".

Schnuddele sind nach Rüdesheimer Auslegung die Kätzchen am Haselnußstrauch. „E schnuddelich Mensch" ist eine unappetitliche Person.

schnuffele tut einer, der die Nase hochzieht.

Schnutedunker sind „Schlachtenbummler", die sich bei den gratis ausgeschenkten Weinproben auf den Versteigerungen einmal billig „die Schnut dunke wolle". „Die Schnut henke" heißt beleidigt sein. Man spricht auch von einer „Bambelschnut", die man mit „Schmollmund" übersetzen könnte. Die größte Sorge des Rheingauer Winzers, der gerne sachverständige Zungen an seinen Herrlichkeiten teilhaben läßt, ist, daß einmal „en unrecht Schnut" darankommt, die den Wein nicht „estimiert".

schockele = schaukeln. En „Schockelgailche" = ein Schaukelpferd.

Scholle (bereits unter „Grundscholle" erklärt). Verbindungen sind „Scholledapcher" oder „Schollekrott", Spottnamen für den Bauer, die nichts mit der hochtrabenden Bezeichnung von der „eigenen Scholle" zu tun haben.

Scholles, der: In der alten nassauischen Gemeindeform: der Schultheiß.

schont sagt die Mundart oft, wenn sie „schon" meint.

Schoode, der: Ist ein noch häufig gebrauchtes Spottwort für einen geistig Minderbemittelten oder einen eitlen Gecken. Schon im 16. Jahrhundert gebrauchte man dieses Wort, das aus dem hebräischen „schoteh = der Narr" kommt.

schreffe ist ganz leicht frieren, „Es hat e bißje geschrefft" (von schärfen).

Schreepeiler klingt sehr kompliziert, ist aber nur die mundartliche Ausdrucksweise für – einen Schrägpfeiler.

Schrögel, der (ausgesprochen Schrööchel), sagt ohne viel Erklärung, daß es sich um einen „schrohen" Kerl handelt.

schroh ist soviel wie wüst, häßlich, ungezogen und hat gewissermaßen seinen Vorfahren im mittelhochdeutschen „schrôh", dessen Bedeutung zwar, wie Kehrrein sagt, im Begriff des Mageren liegt (riwwelschroh – siehe unter r).

Schrotleitern (auch Laaderbeem) waren Werkzeuge der Schröterzunft, deren Schutzpatronin die heilige Katharina war. Auf dem Geisenheimer Katharinenmarkt haben diese Weinschröter, die die Fässer aus den Kellern „schroten", d. h. ziehen mußten, diese Patronin mit viel Wein geehrt. In Hallgarten steht die „Schrötermadonna", ebenfalls eine Patronin dieser angesehenen Zunft.

Schrottelzeit, die: Nannte man die Zeit nach dem zweiten Weltkrieg, in der „auf dem schwarzen Markt" manch wertvolles Familienstück von hungrigen Städtern gegen Essen „verschrottelt" wurde. Ein Begriff, der in der damaligen Zeit voller Schrott und Trümmer naheliegend war.

Schrubber, der: Bodenbürste am Stiel. Der „Schrubberlumbe" ist – man weiß nicht warum – ein Vollbart.

Schrull, die (auch Schrulla), immer als „alt Schrull" bezeichnet, ist dem hochdeutschen Begriff für ein schrulliges Frauenzimmer entnommen.

Schrumbele oder „Schrunne", auch „Krumbele", sind Furchen – in diesem Falle im Gesicht. Sie rühren wohl von „schrumpfen" her. Man sagt auch „Schrunsele".

schützlich heißt im Dialekt soviel wie nützlich.

Schuldebuckel, der: Einer, der „den Buckel voller Schulden hat".

Schutt, der: Plötzlicher Regenguß. „Es schütt'" heißt, daß es stark regnet.

Schwabbel, die (von hin- und herschwabbeln): Ist ein ansehnliches Doppelkinn.

Schwaademaache = Schwartenmagen, ein mit viel Grieben und Blutwurstfüllsel gefüllter Schweinemagen, der geräuchert wird.

Schwalljeh Quetschekuche. Dieser „Ritter Pflaumenkuchen", im alten Nassau eine legendäre Gestalt, soll nicht der Vergessenheit anheimfallen, wenn man auch nicht mehr weiß, wer er war.

Schwart, die: „Die hat en Schwart!" heißt, daß eine sehr redegewaltig ist. Der Ausdruck kann entweder von „e Maul wie'n Schlachtschwert" oder von dem lateinischen „suada" = die Redegewandtheit herrühren.

Schweern = Geschwüre (Schwären). Die heilige Hildegard nannte sie „swaeren".

Schwelles, der: Eine der „liebevollen" Bezeichnungen für Kopf (wie Wersching, Schwellkopp, Deez), auch soviel wie ein Wasserkopf. Nachbildungen dieser „Schwellköpp" laufen im Mainzer Fastnachtszug mit.

Schwimmpohl, der (schwimmender Pfahl): Eine Schwimmboje im Rhein.

Schwittjeh, der (franz.: suitier = Bruder Leichtfuß) ist so etwas wie unser heimisches „Schlüppche" (halb Herzensbrecher halb Schlaumeier), ähnlich dem Wiener „Zwittel", der vielleicht auch ein Nachfahre jenes „suitier" ist.

Schwoobche, das (hochdeutsch: eine Tüncher-Ausbesserungskelle): Ein Handwerkszeug der „Dinjer" (Tüncher) auch „Dribbel-Dinjer" genannt, das vielleicht aus Schwaben kam.

Seelsack, der: Ein altes Wort für das Innere des Menschen, das schwer zu erklären ist. Der Mensch dieser Landschaft ist nicht sentimental und so drückt er – ähnlich wie er aus seinem Herzen die „Herzbennel" macht – den Begriff Seele bzw. den Sitz derselben mit dem Wort „Seelsack" aus. In diese

Richtung einer leisen Selbstverspottung gehört auch: „Mir hawwe's innerlich wie die Maikäwwer".

Seldeföhlich, der: Die personifizierte schlechte Laune.

sich: Dieses Fürwort ist auch so eine Sache für „sich". Ein Ohnmächtiger ist „von sich". Wacht er wieder auf, nachdem man ihn mit Wein „angestrichen" hat, kommt er wieder „zu sich" und ist schließlich „bei sich". Ein Mensch in leitender Position hat nicht etwa eine Abteilung „unter sich" sondern, was dasselbe heißt, „üwwer sich". Schämt sich einer, dann guckt er „unner sich". Das beliebteste Kinderspiel ist immer noch „Mutter-sich und Vadder-sich" zu spielen (siehe unter M).

sich! oder „Sichemol aa (nas.)!" ist wesensgleich mit „Sieh mal einer an!"

Sielscheit, das: Ein Holz, an dem die Zugstränge für das Zugvieh befestigt werden. Hochdeutsch: „Es stirbt einer in den Sielen", wenn er bis zum Tode „im Geschirr geht".

Simbel, der: Das Spottwort „Du Simbel!" bedarf keiner Erklärung. Will man einen ärgern: „Heut haste Namstag – heut ist Simbel"! Abarten dieses begabten Menschen sind: „der Hutsimbel" und „der Bachsimbel". Erklärungen hierfür sind nicht vorhanden.

simeliern = nachdenken, überlegen. Im Hochdeutschen ist der „Simulant" ein Heuchler, was auch der lateinischen Bedeutung „simulare" entspricht. Hier ist der Volksmund einmal eigene Wege gegangen.

solleriern oder jemanden „versolleriern" heißt „versorgen" und ist wahrscheinlich von „le salaire" (frz. = das Gehalt), das ja auch den Begriff der Versorgung in sich trägt, abgeleitet.

Solwer-Brüh ist die Salzlake (der Lack) zum Einpökeln von Fleisch. Man kann sie von Salz oder von Salpeter ableiten. „Du host bei mir noch ebbes im Solwer lieje!" steht für das hochdeutsche „im Salz liegen". Anderen Wortstammes aber ist der Ausdruck „Solwer" für Schmutz. „Loss mich doch nit solang im Solwer lieje!" klagt ein Kranker, der gern umgebettet sein möchte. Nach Kluge liegt hier der alte Wortstamm „solper" für Schmutz zugrunde.

Spaa-Brenner, der (ausgesprochen: Schbaabrenner,

nas.), hochdeutsche: Span-Brenner. Noch heute bezeichnet man so einen Geizhals, der seine Stube lieber mit Spänen beleuchtet als mit dem teureren Petroleum, obgleich diese Dinge längst überholt sind.

spachtele = mit Genuß essen.

spack sitzt ein Anzug, der eigentlich schon verwachsen ist.

spanne oder auch „spitze" = angestrengt horchen. „Er spannt wie'n Dohl".

Spatze-Fräckelche, das: Ist ebenfalls ein enges „spatziges" Kleidungsstück. Eine ähnliche Kombination mit Sperling ist: en „Spatze-Hern" (ein Spatzengehirn).

Spautzemännercher (auch Spautzekönig) sind Feuerwerkskörper, die mit Getöse „spautze" = explodieren.

Speis, oder „Speisbrüh" = ein Maurer- und Tüncherausdruck für einen mit „Kalch" (Kalk) angerührten Verputz oder Anstrich. Das „Speis-Oomerche" ist der Behälter, in dem der Speis angerührt wird. Die Tüncher-Hantierungen sind „Butz aaleje" (nas.) Verputz anlegen, „beischmieren", „beibutze" und „kalche".

Spinnekopp, der: Langstieliger Besen zur Entfernung der Spinnen. Ein „Spinnert" ist ein spilleriges junges Mädchen oder Kind. Männlich: „der Spinnerich".

Spitzgaup, die: (Siehe unter Gauploch).

Spitzklicker, der: Eine noch sehr aktuelle Persönlichkeit, ist nach heutiger Auslegung ein ausgespitzter, unbeliebter Egoist. Ursprünglich war dieser „Spitzklicker" – und so ist auch sicher dieser Ausdruck entstanden – ein Angehöriger der „Spitzen-Clique", der auf das niedere Volk herabsah.

Spores Rassel: „Hall nit so'n Spores Rassel!" das heißt „Mach so kein Getue!" Ob auch dies Wort auf das Hebräische zurückgeht?

sprauzig = hart, sperrig wie Spreu, auch „spruck".

Sprengengel, der (mit zwei ausgesprochenen „g" in der Mitte): Ein fast vergessener Name für einen Gekken; das weibliche Gegenstück: die „Schwenselenz". Modewörter einer längst vergangenen Zeit.

sprickelich oder „gesprickelt", mit kleinen Punkten versehen, sind Vogeleier.

sprieße (auch steubern) nennt man das Festrammen der Fässer an der Kellerdecke bei Hochwasser, um ihr Umherschwimmen zu verhindern. Vermutlich haben die Rheinschiffer, die bei Hochwasser sowieso festlagen und Zeit hatten, den Winzern bei dieser Arbeit geholfen und diesen Ausdruck, der vielleicht auch etwas mit „Bugspriet" zu tun hat, mitgebracht.

Sputze = schlechte Streiche. „Mach kei Sputze" ist eine ernste Mahnung.

Sdaa-Reesje = Stein-Röschen (ausgesprochen Schdaa-Reesje, nasal) erinnert an kirchenbauliche Ornamente, ist aber ein Zylinderhut.

Staat, der: Dieser „Staat" ist kein Staat im Staate, sondern hier geht es um die „Staatskleidung", in der Mundart „Staat" genannt. „Staats" aussehen tut hier jeder gern.

Staches, der: Ein dicker, sturer Patron, ähnlich dem „Steifschächter" oder dem „Stacheeterich" (hartes ch), der so steif wie ein Staketengeländer ist.

Stambes ist ein dicker Brei (Kartoffel-Stambes), der nicht beliebt ist.

Stauche = gestrickte Pulswärmer, die man im Hochdeutschen nicht unter diesem Namen kennt. Um so mehr überrascht die Begegnung mit dem althochdeutschen „stuha" = der Ärmel.

Stembel, der: Ein Holzklotz am Stiel, mit dem man in der Herbstbütte die Trauben „einstempelt", das heißt einmaischt. „Das Mensch hot awwer e paar Stembel unner sich!" drückt Anerkennung für stramme Frauenwaden aus.

steubern (ähnlich wie „sprießen"). Im Herbst „steubert" man die Obstbäume, damit sie nicht unter der Last der Früchte zusammenbrechen.

Stich, der: Eine kurze aber starke Wegsteigung (Wambacher Stich).

Stiebe-Schaffer = Menschen, die nur stiebig" d. h. periodenweise arbeiten. Der „Stiebe-Narr" ist nur zuweilen närrisch. Das Mittelhochdeutsche kennt für diesen Begriff das Wort „stüppe".

Stickel = unten angespitzte Weinbergs-Pfähle, die, mit den Weinbergsdrähten verbunden, sozusagen das

Rankgerüst der Reben bilden. „Sticke“ ist Stickel einschlagen, eine Frühjahrsarbeit, zu der angeblich der Buchfink mit seinem Ruf „stick‘ un schneid“ ermuntert.

Stickelcher (Verzeehlercher) sind im ganzen nassauischen Land großgeschrieben. Es sind Anekdoten, die sich über Generationen vererbten und meist von Originalen der Landschaft geprägt wurden. In Wiesbaden macht man die „Virrercher (Vettern) – ein Kreis bodenständiger Originale um 1900 – für diese „Stickelcher“ verantwortlich.

Stiftekopp, der: Kahlgeschorener Kopf.

„Stifte-Rappeler“ = Angeber, die in ihren Taschen mit Nägeln klappern und damit Geld vortäuschen wollen.

stimbe (stümpfen) = stutzen, schneiden (sowohl Haare wie Hecken).

Stobbe der: „En klaaner Stobbe“ ist ein Bübchen. Hat er gerade laufen gelernt, ist er „en Laafling“ (von Läuferschwein).

Stocher-Eise, das: Auch Schürhaken oder „Scheer-Hooge“ genannt, ein Haken zum Feuerschüren (auch Feuermerschel, siehe unter F).

Stollerooges, der: Eine undeutbare Liebkosung Rüdesheimer Art.

stoppele = Nachlese halten; ursprünglich für Stoppeläcker gültig, dann auf Obstbäume und Weinberge ausgedehnt.

Stoppsel (auch Roppsel) = ein Gericht aus Kartoffelbrei, Sauerkraut, Erbsbrei und Schweinernem.

strabeliziern heißt nichts anderes als „strapazieren“.

stracks = geradeaus, aber auch „sofort“, „plötzlich“.

Straußwirtschaft (siehe Heckewertschaft).

stremme kommt von „stramm“. Ein Kleidungsstück „stremmt“, weil es zu eng ist. Jemand „die Luft abstremme“, heißt ihn würgen.

strense oder auch „stribbse“ oder „stribbe“: alles leichtere Eigentumsdelikte, mehr im Sinne eines Mundraubs, z. B. „Ebbelstrenser“ = Äpfeldiebe.

Striffelcher sind gezogene („gestruppte“) Scheibengardinen.

Strupp, der: Ist ein Zugsaum, meist mit Gummizug; „üwwer de Kopp strubbe (oder strippe) = ziehen.

staube (auch staawe) = jemanden fortjagen.

Struppesje ist ein Kosename, halb liebevoll, halb tadelnd.

strunse = prahlen, angeben. Ein „Strunser", auch „Strunsbeutel" hält „en Gestruns". Die alte Rüdesheimer Himmelfahrtsprozession, die früher meist ein bis zwei Tage dauerte, hieß wegen des zur Schau gestellten „Staats" die „Struns-Prozession". Die Rheingauer halten sich zugute „Mir strunse nit – mir hun!" d. h. wir geben nicht an, sondern wir haben etwas.

Storze auch „Knoorze" oder „Kneerzjer" = knorrige Baum- oder Rebenholzstümpfe; letztere heißen auch „Steil".

Struth, die: „Du alt faul Struth!" bezeichnet eine Faulenzerin.

Stülpche, das: Eine Kopfbedeckung, die sich Großvater auf den Kopf „stülpte", damit dieser warm blieb. In der Biedermeierzeit mit Troddeln verziert und zu Schlafrock und langer Tabakspfeife gehörig.

„Stümmel" oder „Stimmel" (eigentlich kleine, halbgefüllte Säcke) bedeuten etwas Unvollständiges, so auch eine nur kleine Weinbergszeile, wie sie sich oft aus der Form des Weinbergs ergibt.

Stütz, die: Eine Weinkanne, die der Küfer braucht. Herkunft unbekannt.

suddele = verschütten; „suddelich Wetter" ist, wenn es regnet.

„Peife-Sudder" ist der Rückstand in der leergerauchten Pfeife.

T

terminiern gehn: Ein altmodischer Ausdruck für einen Rundgang bei den Schuldnern zum Zweck des termingerechten Geldeinzugs.

tookse = fingern; hängt wohl zusammen mit „de Tootsche" oder Pfoten (mittelhochdeutsch: toogzen = sich hin- und herbewegen).

Tort, der: „Jemand en Tort antun" heißt soviel wie Schabernak. Das französische Wort (le tort = das Unrecht) hat hier Pate gestanden.

Tertche, das: Unternimmt jemand „en Tertche" oder hat er „en Dutt gerollt", so bedeutet das soviel wie einen fröhlichen Ausflug mit alkoholischem Hintergrund.

trändele = trödeln, sich mit unnötigen Kleinigkeiten abgeben. Althochdeutsch hieß „trendelen" mit Kugeln spielen und daher mit seiner eigentlichen Arbeit nicht weiterkommen.

trätschnaß oder batschnaß = zum Auswinden naß. Wenn es stark regnet, sagt man „es trätscht".

Trallje (französisch treillages = Fenstergitter) ist heute noch der Ausdruck für die oft kunstvoll geschmiedeten Fenstergitter an Bürger- und Adelshäusern.

Traube-Perkel = die einzelne Traubenbeere (vermutlich aus dem mittelalterlichen „vinbeerkern" zusammengezogen).

Traubendrücker (auch „Quetschenewwel") sind die herbstlichen Frühnebel, die, vom Rhein aufsteigend, über den Rebenhügeln liegen und die Schalen der Trauben aufweichen. Diese herbstliche Erscheinung beruht auf einem Feuchtigkeitsaustausch zwischen der nächtlichen Kälte und Bodenfeuchtigkeit und der warmen Tagessonne in Verbindung mit dem Rheinspiegel.

treffe wird gebraucht im Sinn von verhauen. „Ich treffe Dir's Hinnernche!"

Trub, der = Heferückstand im Weinfaß nach dem „Abstechen". Weil diese Reste trüb sind, hat man sie wahrscheinlich „Trub" genannt. Für den Begriff des allmählichen Aufhörens irgendeiner Sache im täglichen Leben: „Es leeft uffem Trub."

Trulla, die: Name für ein hexenhaftes Weibsbild (nordisch = Troll).

Trumbeet, die (Betonung auf der ersten Silbe) = die Trompete.

Trum-Seh, die = die Trum-Säge, die für dickes Holz bestimmt ist (österreichisch Trum = ein schwerer Brocken).

tuddele (oder fuddele) bedeutet, anstatt zu arbeiten, sich spielerisch mit Nichtigkeiten beschäftigen oder planlos herumzuwursteln.

U

uddele = einen nach dem anderen trinken. „Du alt Sauf-Uddel“ nennt man die Personifikation solchen Tuns.

uff = auf. Wird in mancherlei Zusammenhängen, die im Hochdeutschen unüblich sind, gebraucht. „Das leiht mehr uff!“ (das fällt mir gerade ein!) Jemanden etwas „uffdischbediern“ oder „uffhenke“ heißt, ihm etwas einreden oder mit Gewalt verkaufen.

Uj und ujche! sind Ausrufe des Entzückens. „Oj und Ojche!“ sind, wie die Lautmalerei schon erkennen läßt, mehr drohend. Die höchste Steigerung in dieser „Deklination“ bedeutet „Ajche oder Aj!“ (oh weh!).

üwwer ist ein Wörtchen, das auch manchmal etwas „üwwerzwerch“ gebraucht wird. „Ich hawwe üwwer mei Frau gesaat, saat ich“ heißt soviel wie: meiner Frau gesagt. Dieses „üwwer“ ersetzt in diesem Fall den Dativ und regiert den Akkusativ.

üwwergeschnappt ist jemand, der den Verstand verloren hat.

üwwerhibbelt ist dem Sinne nach = übergangen, wörtlich: überhüpft.

üwwerrenzich = überreichlich, genug.

Umberaasch, die: „Hall nit so'n Umberaasch!“ mag von dem französischen embarras = die Verlegenheit kommen, heißt aber in diesem Falle Aufwand, Umstand.

ungeneißig = gierig, unbeherrscht beim Zulangen.

unnerschdrewwerscht = ein Kabinettstück an Kürze für „das Untere zuoberst“.

Unsersch: Diesem Wörtchen muß eine „Extrawurst“ gebraten werden, weil hier der ausgeprägte Familiensinn unserer Bewohner zum Ausdruck kommt. Habter „Unsersch“ gesehn? fragt der Bub, wenn er seine Schwester sucht. Ist die Rede von einem fremden Kind, kann er seelenruhig sagen: „Das kann ruhig flenne, es is jo nit unser.“ Ist es nicht „Unsersch“, dann ist es vielleicht „Eiersch“ (Eures) oder „Dene Ihrsch“ (überhaupt nicht zu übersetzen). Hier folgt einmal die Konjugation der besitzanzeigenden Fürwörter, wie sie sich in unserem Dialekt ausnimmt.

Frage: Wem gehört das Kind?

Ei, mein	=	mir
Ei, Dein	=	Dir
Ei, dem	=	ihm
Ei, unser	=	uns
Ei, Eier	=	Euch
Ei, Dene	=	ihnen

Das „Ei“ ist aber immer obligatorisch.

Der Nassauer spricht auch nicht von „mein Vadder“ er wird immer „unsern Vadder“ oder „unser Mudder“ sagen. „Unser hawwe gesaat“ heißt, daß die ganze Familie geschlossen dieser Ansicht ist, womit die Grammatik der Besitzverhältnisse geklärt wäre. Doch – halt! Da ist noch der Genitiv zu erwähnen, den es eigentlich nicht gibt. Welcher Hiesige würde je sagen: „Wessen ist der Acker?“ „Jo, ehnder ging die Sunn an de Hallgaader Zang uff!“ Er sagt: „Wem sein Acker issen das?“ Antwort: „Ei, dem seiner.“ (Wobei auch ein Mädchen oder eine Frau gemeint sein kann, wie in: „Ei, dem Dina seiner.“) Kompliziert wird die Sache, wenn der Acker etwa dem Fragenden selbst gehört, dann antwortet man: „Ei, des is jo Ihne Ihrer.“

unschützlich = unpraktisch, im Sinne von unprofitlich.

untrausam ist ein kerniges altes Wort für mißtrauisch.

Utschebebbes nannte man die marokkanischen Söldner, die als französische Besatzungssoldaten nach dem ersten Weltkrieg an den Rhein kamen. Dieses Wort gebraucht man jedoch besser nicht als Muster, denn es soll heißen: „Der Beschnittene“.

Uumuß (nasal), auch „Unmoos“: Wörtlich Unmut (mittelhochdeutsch „unmuoze“) kann dem Sinn nach mit „Unstimmigkeiten“ übersetzt werden. Ist noch auf den Dörfern viel, auch bei jüngeren Leuten, in Gebrauch.

uze = necken. Einer, den man „drangekriegt“ hat, ist der „Ge-uzte“.

V

vaddern, sich: „Das Kind vaddert sich“ = es schlägt dem Vater nach.

vagiern (gesprochen vachiern mit hartem ch) = mit den Händen beim Sprechen in der Luft herumfahren, (lateinisch = vagari).

Vajulercher sind Veilchen nach Kiedricher Art.

Valldin (Valentin): Wenn hier Eigennamen sonst nicht behandelt werden, ist doch die Verbindung des Kiedricher Kirchenpatrons St. Valentin (gesprochen Valldin) mit „f" mit der „fallenden Sucht" interessant, weil dort eben dieser Heilige schon im frühen Mittelalter ausgerechnet als Helfer gegen diese Krankheit seinen Wallfahrtsort hatte.

„ver" die Vorsilbe, spielt in mundartlichen Wortgebilden oft eine Sonder-Rolle, die hier einmal beleuchtet werden soll. Oft steht diese Silbe auch für „zer".
„verbelle" = verstauchen; **„verbutze"** = aufessen oder auch im Sinn von „den kann ich nit verbutze" = nicht leiden; **„verpossemaduckele"** = durch allerlei Kunstkniffe verschwinden lassen; **„verbombaschiern"** = vertun, durchbringen; **verduckele** oder **vermembele** = etwas vertuschen, beschönigen; **„verderrn losse"** = etwas vertrocknen lassen; **„verdemmern"** oder **„verpadchern"** = etwas zertreten; **verebbele** oder **veruze** = verulken; **„verhobbasse"** = etwas verpfuschen (von faux pas); **„verjuckse** oder **verjuckele"** = mit Vergnügen durchbringen; **„verknasse"** = verurteilen (von Knast); jemand nicht **„verknuse"** könne = nicht leiden mögen; **„verhutsche, verputsche"** = verzärteln; **„verklickern"** = erklären; **„verklaabche"** = verkleben; **„verkrumbele"** = beleidigen; **„verschameriern"** (von frz. chamarrer) = übel zurichten; **„verschlumche"** = etwas zu billig verkaufen; **„verschlamche"** oder **„verschlabbse"** = etwas vernachlässigen, herunterkommen lassen; **„verschlabbern"** = verschütten; **„versolleriern"** = versorgen (siehe solleriern); **„ver uu grunde"** = etwas so beschmutzen, daß „mer uff kaan Grund mehr kimmt"; **„verunscheniern"** = verunehren, verplempern; **„verstrunkt"** = zugewachsen, verunkrautet; **„verzwazzele"** = verzweifeln; **„verzwerwelt"** = überdreht; **„verzottele"** = verlieren; **„verneffe"** = komisch aufputzen.

Vitzdum (der Vicedom oder Vicedominus): Rheingauer Stellvertreter des obersten Herrn, des Kurfürsten und Erzbischofs zu Mainz und der höchste Rheingauer Beamte, der meist von Adel war. Er war auch Steuererheber. Daher der Spruch: „Do hockt de Vitzdum druff!" (siehe Sprüche).

Vernsel (Viernsel, auch Fernsel): Siehe unter F.

Volleul' bezeichnet einen Betrunkenen.

Vuhlsknöpp = Vogelskirschen, die ja so klein wie Knöpfe sind. „Vuhl ist der Vogel, „schleechter Vuhl!" schimpft man einen Heimtücker. Mehrzahl ist „Viehl". Ein Traubenschütze (dem in Weinbaugebieten die Bekämpfung der Stare obliegt) wurde gefragt, wieviel Stare wohl in einem Schwarm fliegen. Er bildete die Mehrzahl auf heimatliche Art und antwortete: „No, su Fuhlere dausend."

W

Waadeweilche (oder „Waadekäutche") ist eine Ermahnung zur Geduld. „E silbern Nixje un en goldich Waadeweilche" ist ein Kinderscherz.

Waaz ist heute bei uns genau noch so Weizen wie es „waaz" im Althochdeutschen war.

Wabch (von wabbelich), der: Ein fetter, verweichlichter Mensch.

Wackestaa (Schdaa nasal gesprochen) sind Natursteine. Schon das Althochdeutsche kannte das Wort „wacko" für Grauwacke. Kunststeine sind „Backestaa".

Wahrschauer = Lotsen, abgeleitet: „wahrschauen" = sich vorsehen.

Waldaff, die (die Waldaff oder der Wallufbach) ist der Grenzbach des Rheingaus. Die Endsilbe „aff", „ap" ist uralt und ist neben der Silbe „os" ein sprachliches Überbleibsel aus keltischer Zeit. Die beiden Silben bedeuten wohl Wasser, z. B. in „Aschaffenburg", dann im Rheingau die „Osbach" (wie auch die Oos in Baden-Os). Auch der Mapper Hof bei Hausen v. d. H. soll früher „auf dem appen" geheißen haben.

Wammes, der = das Wams (Mehrzahl: „die Wämmes"). „Es schneit Wammesärmel" sagt man von einem dichten Schneefall.

wansele = wälzen. „Die is so dick, daß mer se wansele kann." „Wansel Dich emol erum!"

Wasem, der (Mehrzahl die Weesem): Kommt nicht etwa von Rasen, wenn es sich hier auch um ausgestochene Stücke Wiesenboden handelt. Hier hat die Mundart erstaunlicherweise wieder das althochdeutsche Wort „waso" fast tausend Jahre konserviert.

Wäs, die (auch das Weesje) ist eine weibliche Verwandte und stammt von wasa = die Schwester des Vaters (niederdeutsch). Das „Amme-Weesje", wie noch unsere Großeltern die Hebamme bezeichneten, stammt von dieser „Wäs" ab.

Watz, der = ein Eber. „Dickwatz", der Spottname für einen Fetten. „Hvatz" ist in der altnordischen Sprache die Bezeichnung für ein männliches Tier überhaupt.

Weck = Brötchen. Man unterscheidet: „Paarweck", Wasserweck", „Roseweck", „merwe Weck" (mürbe Wecken), „Spitzweck" und auf St. Nikolaustag „Weckboppe", ein Gebäck, das den Heiligen darstellen soll.

Weibsleut ist kein abfälliger Ausdruck für Frauen, besonders auf dem Lande nicht.

Weljerholz, das = hochdeutsch „Kuchenrolle", eine drehbare Holzrolle zum „ausweljern" (auseinanderrollen) des Teiges.

Wellblech-Ank, die: Scherzhaft und bildlich wird so ein Specknacken bezeichnet.

welsgroß soll sicher heißen: So groß wie die Welt. „Do haww ich mich wels verguckt", heißt gewaltig verrechnet.

Wennblacke, der = ein Platz zum Wenden im Weinbergsweg (siehe unter „Blacke").

Werfche, das: „Schenk mer noch en Werfche in!" steht anstatt Erklärung.

Wersching (Wirsing) wird im Jargon für „Kopf" gebraucht.

Werzwisch, der: Hier spielen Brauchtum, Religion und Sprachkunde zusammen. Der Werzwisch ist wörtlich übersetzt ein „Würzwisch" (ähnlich wie Strohwisch) jedoch aus vielerlei genau seit Jahrhunderten vorgeschriebenen Kräutern zusammengesetzt. Er wird an Mariae Himmelfahrt geweiht und daheim zum Schutz gegen Seuchen und Gewitter aufgehängt. Interessant ist, daß im Volke noch viele alte Kräuternamen bekannt sind, die bereits die hl. Hildegard in ihrem populär-medizinischen Werk: „Wisset die Wege!“ gebrauchte. Professor Stellwaag aus Geisenheim, dem ich an dieser Stelle für seine Unterstützung beim Sammeln alter Worte herzlich danke, hat erstmals diese Wechselbeziehungen zwischen Mundart und alten Kräuter- und Tiernamen aufgedeckt und mit Hilfe des rheingau-nassauischen Dialektes vieles bisher Unbekannte aufgeklärt. In diesem „Werzwisch“ finden wir beispielsweise eine uralte Bezeichnung, die „Donnerdistel“, die vermutlich einst dem germanischen Gott Donar geweiht war.

wetzsteinig = grob, roh, hart. Es kann aber z. B. auch ein Kartoffelsalat, der ohne Liebe und Öl angemacht ist, „wetzsteinig“ schmecken.

„Wickelcher“ und „Hörncher“ sind zwei „Merwes“, das heißt Gebäcke aus Mürbteig.

Wilbertsknapper (wörtlich übersetzt: Wildbrets-Stehler) sind Wilddiebe. („knappe“ ist stehlen; man denke an den mittelalterlichen „Knapphahn“).

Wingert, der = heute die halboffizielle Bezeichnung für den Weinberg. Schon Karl der Große mag die Rüdesheimer Berg Orleans-Wingerte, die er anlegte, „weinegards“ genannt haben.

Wipp (wohl von seiner schaumigen, wippenden Beschaffenheit her so genannt), ist hiesiges Nationalgetränk für kalte Winterabende. Rezept: Drei Eier mit einem kleinen Holzbesen schaumig „kleppern“, zwei „Pöötcher“ (Pfötchen) Zucker, 2 Eßlöffel Mehl und ein paar Zitronenschnitzel dazu, dann mit einer Flasche Weißwein auf dem Feuer schaumig schlagen, bis es steigt; dann den dicken Schaum in feuerfesten Gläsern auftragen.

Wisperwind, der: Diesem erfrischenden Lüftchen, das nach Sonnenuntergang an heißen Sommerabenden aus dem Wispertal durch die Rheingauer Seitentäler zieht, seien ein paar Worte gewidmet, denn: „Den Wisperwind, den Wisperwind, den kennt im Rheingau jedes Kind.“ In Rüdesheim liest man direkt das Wetter daran ab, ob man den Lohgeruch, der den Wisperwind begleitet, rheinaufwärts riechen kann. „Ganz gewiß in drei Tag rehnts (regnets), wann die Wisper zieht uff Meenz." Das Wispertal stellt ein Stückchen verträumter Rheingauer Wald- und Sagenromantik dar. Es grenzt den Rheingau nicht nur politisch ab, sondern bildet auch präzis und übergangslos die große hessische Sprachgrenze. Jenseits der Wisper, also in Kaub, wird schon ein ausgesprochen moselfränkischer Dialekt gesprochen. Die „Wispertour" ist eine beliebte Polonaise, bei der schließlich die Herren mit aufgeschürzten Hosenbeinen, die Damen symbolisch über die Fluten der Wisper tragen.

Wischbel, die = eine etwas „deschberate" (desparate) Person, früher ein Getreidemaß, ähnlich dem „Viernsel".

Wißbaum, der = eine lange Stange, an der die Ketten oder Seile befestigt werden, die die Heuladung auf dem Wagen zusammenhalten.

Wissegickel, der = ein hahnenkammartig geschwungenes Messer am langen Schaft, mit dem man die Wassergräben auf den Wiesen sauberhält.

Wullewackes nennt man eine undefinierbare, dem „schwarzen Mann" verwandte Schreckgestalt.

Wuhler, der (auch „Wulcher" oder „Grundwolf"): Einer, der nicht genug von der Arbeit bekommen kann.

Wussel, die = ein flinkes, „wusseliches" Wesen, das eine absolut positive Erscheinung im Sprachgut darstellt.

Wutz, die = unser Hausschwein, das in mancherlei derben Aussprüchen vorkommt. Sie ist auch ein Teil der bereits beschriebenen „Dockenkelter".

Wuuscht, der: Ein brachliegender Acker oder Weinberg hat einen über tausendjährigen Vorfahren in „wuosti = die Wüste". Auch hier ist ohne den Umweg über das Hochdeutsche ein uralter Ausdruck direkt erhalten geblieben.

Wuuschtrum (auch Huuschtrum): Nennt man in Geisenheim das freche Weinbergsunkraut „Meier" (Vogelmiere); in Rüdesheim „Sterncheskraut" getauft.

Z

Zaa-Raffel (nasal) die: (Zahnraffel) siehe unter „Raffel".

Zaa-Schliwwerche (nasal): Dieses Vöglein hat mit Zähnen nichts zu tun. Es ist ein Zaun-Schlüpfer oder Zaunkönig.

zabbe = Wein verzapfen, ausschenken. Es ist das Vorrecht der „Straußwirte", die drei Monate lang in ihrer „gut Stubb" mit Beihilfe ihrer Familienangehörigen ihren Wein an Gäste ausschenken dürfen.

zallche (auch „zerrn") = streiten, daß die Federn fliegen. „Die zallche sich wie die Spatze". Ein zankhaftes Kind ist ein „Zerrkrappe". Das Mittelhochdeutsche kannte das Wort „zerrn" für streiten.

Zappfäßje, das: Im alten Rheingau war das „Zappfäßje" ein ganz kleines Holzfaß mit Kränchen zum „zabbe", in dem sich meist etwas geringerer Wein für die Hausangehörigen befand.

zasselich (von Gezassel) = dünn, schütter.

Zeck, die = ein blutsaugendes Insekt bei Schafen. „Du alt Zeck!" sagt man auch zu einer aufdringlichen Person.

zeebche = zechen (auch petze).

Ziche (Koppe-Ziche): Ein Wort, das heut noch häufig für Kopfkissenbezug angewandt wird. Schon im Althochdeutschen nannte man Bettbezüge „ziecha".

zickelich zu sein, ist Verliebtheit mit allen Konsequenzen.

Zimsel (auch Zimselinche oder Pimsje) ist eine etwas zimperliche alte Jungfer.

Zinke, der = eine je nach dem Grad des Alkoholkonsums mehr oder weniger rotgefärbte große Nase.

zitte (auch zissele): Ist der Ausdruck für das Auseinanderbreiten des frischgemähten Heues. Diesen Ausdruck gebraucht der Bauer heute noch, weiß aber nicht, daß das Wort vor 700 Jahren bereits in der Bauernsprache als „zetten" bekannt war. Auch das „Gesitt" (Häcksel mit heißem Wasser übergossen) ist ein Verwandter.

zobbele = zupfen.

zocke = geizen. „Es werd nit gezockt" sagt man, wenn es einem auf den Pfennig nicht ankommt.

Zoores ist an sich jüdischen Wortstammes und bedeutet Kummer, Ärger. Die hiesige Mundart hat das Wort umgedeutet in Gesindel, „Lumbe-Zoores“.

zoppe hat eine ganz bestimmte Bedeutung. Auf der Kerb in einem eingefriedigten Tanzboden wird vor jedem Tanz „gezoppt“, d. h. das Tanzgeld erhoben.

Zott, die: Die Spritztülle, der Ausguß bzw. der Gießvorsatz einer Gießkanne. Kommt von dem holländischen „tuit“ = die Röhre her. „Daab Zott“ ist keine liebevolle Benennung für eine Schwerhörige. „Winter-Zotte“ sind Geiztrauben (siehe unter G).

Zucht, die: nicht etwa Zucht und Sitte sondern Lärm, Durcheinander, unnötige Aufregung. „Zuchtel nit so rum!“ ist das Verb dazu.

Zumbel, die: Hier finden wir die Unordnung und Ungepflegtheit in Person. Sie ist ähnlich der „Schluri“ und der „Schlumbel“ und ist mit dem Begriff des Umherziehens verbunden.

Zuwwerche, das = ein hölzernes Lesbüttchen (von Zuber).

zwacke ist ähnlich wie „zocke“ eine Äußerung des Geizes. In diesem Falle kommt es wohl von „abzwakken“ her.

zwazzelich wern, auch „verzwatschern“ ist ein etwas spaßhafter Ausdruck für eine nicht ganz ernstgemeinte Verzweiflung.

Zwecke = Schößе, Austriebe an Bäumen und Sträuchern (z. B. Erle-Zwecke).

Zwernsfaddem, der = ein in die Mundart übersetzter Zwirnsfaden (in Rüdesheim auch „Nährensfaddem“ genannt).

Zwiwwelche = ein gedrehter Haarknoten. „Den wern mer schont zwiwwele“ heißt, einen solange piesaken, bis er klein beigibt.

zwerch, auch „zwarch“ = quer. Eine Blüte original Kiedricher Kreszenz ist: „De Valldin is mitm Stuußkarrn (Schubkarren) zwarch üwwer de Klieh-Acker (Klee-Acker) in die gruß Bach gefahrn“, wobei man sich den „Stuußkarrn“ gleichzeitig als Spottnamen für die Kiedricher vorstellen muß.

*

Und damit wäre dann im großen und ganzen der Streifzug „zwarch" durch die Fülle unserer heimatlichen Mundart von der Wortdeutung her beendet. Es folgt noch eine Auslese bodenständiger Sprichwörter und „Reddensarte" die, weil sie meist bäuerlicher Herkunft sind, nicht immer nobel sein können. Doch in einem Werk, das Anspruch darauf erhebt, so zu reden, „wie uns de Schnawwel steht", muß man auch in dieser Hinsicht volkstümlich bleiben.
Und nun zum Schluß dieses Teils noch so etwas wie eine „Moral von der Geschicht", ein Vers, auf den jeder, der uns bis hierhin gefolgt ist, sich selber sein „Versch" machen kann:

Der Weinstock un der Dialekt
die hawwe ebbes gleiche,
weil da die Wurzele versteckt
dief in de Boddem reiche.
Die zwei gedeihn nit uff Asphalt.
Die wolle diefer lieje,
weil Wurzele ihr Nahrung halt
nur aus dem Erdreich ziehe.
Drum halt' die Wurzele in Ehrn,
daß Euch der Stock duht trage
un Euer Enkel einst noch hörn
das Lied der H e i m a t s p r a c h e !

Mündartliche Spät- oder Nachlese (Anhang züm Wörterbüch)

Hier folgen die besonders ausgereiften und typischen Dialektworte, die in der ersten Auflage, um mit dem Winzer zu sprechen, sozusagen „am Stock hängengelassen“ und übersehen wurden. Diese „Spätlesen“ sollen dem Leser nicht vorenthalten werden.

abbene Knöpp = (abgerissene Knöpfe), Beispiel für die Konzentration des Dialekts, steht auch für alles, was nicht mehr dran ist: abbene Haar, abbene Bein. Gleicherweise wird das Wörtchen „zu“ konzentriert: En zu-en Schees, en zu-en Fenster, en zu-en Hausdür für alles, was geschlossen ist. En dorch-ene Handkäs spricht auch für diese Wortvereinfachung.

Anrand, der. „Da hat er sich en Anrand genomme“ (sich selbst einen Anstoß gegeben.

Achelebutz, der (von hebr. „achele“) – ein nicht beliebtes Essen.

Äbbelränzjer = Blätterteigstückchen, mit Äpfeln und Rosinen gefüllt. Kindlicher Abzählvers: Gänsje, Schwänzje, Äbbelränzje; Gänzje, Schwänzje – aus!

De Ängstschisser – für den hochdeutschen Angsthasen. Das Mundartwort ist zwar derb, aber zutreffender.

Bankert der, mundarttypisch nur durch seine abwertenden Zusätze: „Dreckbankert“, „Hecke-Bankert“ in die Mundart gehört.

Beese Buwedaach, der, (Buß- und Bettag) wird in Rheinland-Pfalz nicht gefeiert. Rheingauer Männer sollen deshalb dann angeblich „uff Meenz mache, en Tertche rolle“ (siehe unter T = Tertche in diesem Buch!)

Bluns ist kein Schwaademache mit Grieben, sondern frische Blutwurst ohne Grieben.

Bobbegicht, die. Mit dieser Umschreibung drückte man früher die Folgen einer „galanten Krankheit“ aus, die man sich im Umgang mit leichtfertigen Mädchen (Boppe) zuziehen konnte. „En goldich Bopp“ kann aber hinwiederum höchst liebevoller Ausdruck für ein braves Mädchen oder Kind sein.

Bobbesje, Bollerlöchelche, das, liebevoller Ausdruck für ein Kinderpopöchen. „Dokes“ für diesen Körperteil stammt aus dem Hebräischen.

Borsch, der = im allgemeinen Burschen, im besonderen „Kerwe-Borsch“ Metzger- oder Bäckerborsch, Danzborsch (das Gegenstück dazu ist die Tänzerin „das Danz-Mensch“). Früher sagte ein Mädchen: „Mein Borsch“. „Borschnarrisch“ heißt soviel wie mannstoll.

Bottschamber-Dippche, der Nachttopf (pot de chambre). All diese „doppelt-gemoppelten“ französisch-deutschen Worte stammen von den französischen Besatzungstruppen am Rhein. Man hängte damals dem französischen Wort – des besseren Verständnisses halber – gleich noch das deutsche an, so auch das „Wäsch-Lafohr“ („lavoir“ allein wäre genug gewesen), das „Scheese-Wägelche“, der „Schaddeng-Gaade“ (Garten plus Garten), das „Schawelle-Schemelche“, eine Fußbank usw.
Reste aus dieser Zeit: „die Fissematente“. Die französischen Verführer ermunterten die Mädchen: „Visez ma tente“! (Besehen Sie mein Zelt) worauf dann die Mädchen sicher manchmal „Fissematente“ machten, das heißt, Einwände hatten, und es ihnen „blümerant“ wurde (von bleu mourant = einem damals in Mode gewesenen Blauton).

breewele ist zänkisch schelten. „Breewelsupp koche“ = eine Gardinenpredigt für Spät-Heimkehrer.

Durch-Mascheer ist ein Rüdesheimer Wort = eine Ehrenpforte, durch die hindurch man marschiert (wieder eine Konzentration).

Fratze-Kreemer, der, einer der gerne „Bosse" macht. Der Krämer (Kreemer) hat noch folgende Kombinationen anzubieten: den „Dutte-Kreemer", Inhaber eines Kramladens, den „Umstands-Kreemer" und den „Piddel-Kreemer", was fast dasselbe, nämlich ein „dippeliger" Mensch ist.

die „klaa Gewalt" – sehr typisch für ein kleines weibliches Wesen, die aber durch Sanftheit alle „in de Gewalt" hat.

Ingeplackte = ein freundlicheres Wort für „Haargeloffene", Eingewanderte. Damit ist bereits ausgedrückt, daß dieser Neubürger schon in die Landschaft integriert, bildlich sozusagen als Flicken (mundartlich Placke) in den großen Teppich der neuen Heimat eingesetzt ist.

Knibbel, der, auch „Knolle", eine Beule am Körper. Steht auch für Prügel (Du beziehst noch Doi Knibbel!).

knoddern = vor sich her schimpfen. Eine mißgelaunte schimpfende Frau ist „en alt Knodderdippe".

Krott, die = „goldich Krott", „frech klaa Krott". Krotte-Giegser sind böse Buben, die Frösche quälen. Zwei Schoppestecher schlossen eine Wette ab, daß der Verlierende ein solches Tier verspeisen müsse. Hintennach hat sich die Sache von selbst erledigt. Seitdem ist es ein sehr beliebter Ausspruch, den man nach einem vermeidbar gewesenen Opfer anwendet: „For was hammer dann jetz die Krott gefresse?"

Mauldapezierer. Damit ist ein Wein gemeint, von dem man „e ganz Maulvoll hat" – also ein hohes Lob. Dann gibt es noch den „Hut-Ab-Wein" (kommentarlos verständlich), einen Wein „den kammer trinke, wann die Fraa im Kindbett leiht", einer „do derf kaa unrecht Schnut dran" und einer „der hält Leib un Seel beisamme", was auf die Gesundheit und Verträglichkeit des Rheingauer Rieslings hindeutet.

Micke (Mücken) sind gegensätzlich zum Hochdeutschen Fliegen. Die hochdeutschen Stechmücken sind bei uns „Schnooke" oder „Rhoi-Schnooke". Es gibt den „Mickedormel", den „Micke-Schiss" und das Wort: „Du bist so lästig wie en Aabee-Mick".

Micknick, die. (Dasselbe wie Hemmenick = Bremse). Soll von dem französischen „méchanique" herrühren. Bei der Hemmenick haben wir es wieder mit einer deutsch-französischen Dublette zu tun aus Hemm = die Bremse und „méchanique" zusammengezogen.

Mäuskniddel, der. – Ein sehr kleines Mäuse-Exkrementchen. Spottwort, das sehr gebräuchlich ist: „Du uffgestellter Mäuskniddel!" für einen Gernegroß. Es gibt „Gäuls-Kniddel", „Gaaße-Kniddele" und, wenn es einem sehr gut geht, fühlt man sich „wie de Spatzert in de Kniddele."

Klobber ist zugleich ein Ausklopfer wie ein Lügner oder ein „Sprüchklobber".

nostern kommt von Paternoster und heißt beten.

Pann, die. Die Pfanne. „Es geht nix üwwer'n eige Häusje, un wann so klei is, daß die Pann mitem Stiel zum Fenster enausguckt". Der „Panneflicker" ist einer, der einspringt, um eine uneheliche Mutter zu heiraten. Die Frau Rat Goethe schreibt: „Ich hab zu tun wie die Pann an Fassenacht" (Hinweis aufs Kreppelbacken).

Schlabbekicker = ein Fußballer, der so schlecht spielt, daß man meint, er hätte Pantoffeln (Schlabbe) an.

Schlich, die (immer in der Mehrzahl). „Ich komme Der hinner Dei Schlich!) (Heimlichkeiten).

Schnerch = Schwiegertochter (althdt. snura).

Storze (Schdorze) = Stumpf, auch kleiner Mensch.

Stenner (Schdenner) = auch Sauerkraut-Stenner (althdt. standa, stehendes steinernes Gefäß).

Uwweraasch = „Hall nit so'n Uwweraasch"! (Von französisch „ouvrage" = das Werk).

vermembele = (auch verduckele) etwas verstecken, nicht wahrhaben wollen.

verstricke = ersticken

Zudeck, die, alles, womit man sich im Bett zudeckt (Kult, Plümmoh oder Fedderziche).

Zwiwwelschlodde – das ist zum Schluß noch ein Kabinettstück der so beliebten deutsch-französischen Dublizitäten, weil „les chalottes" im Französischen ebenfalls Zwiebeln sind.

Und zum Schluß noch einige spaßige mundartliche Berufs-Umschreibungen:

Der „Letsch-Konditter" = ein Stuckateur, der früher mit Lehm seine Verzierungen vornahm.

Der „Blechbuckel" = ein Klempner oder Spengler.

Der „Schosseegrabedabezierer" = ein Wegewärter.

Der „Trippel-Dünjer", „Weißbinner" oder „Bappküwwel" = ein Tüncher, Anstreicher, Tapezierer.

Der „Katzuff" = (hebräisch) Metzger.
Das „Leimpännche" = der Schreiner.

Der „babierene Daachlöhner" = ein Schreiber (Büroangestellter)

Von »anno sellichmool«

Das Losungswort

Die Rheingauer wußte von altersher
was for en Wertstück ihr Ländche wär.
Drum hunse's mit Gebück umzoge,
hainbuchene Äst' zum Bollwerk geboge,
un nur an de Schanze, zum Beispiel in Mappe,
kreecht aaner Erlaubnis eninzedappe.

Un – war erscht sein Karrn mit zwei Räder drin,
do konnter des Lache nit halle hin!
Mit Fron un Leibeigenschaft war's dann vorbei.
Sie saate: „Rheingauer Luft macht frei!"

In Kriegszeite war zwar des Dürche verschlosse.
Do hun se nur Aaner eringelosse,
der wo des Wörtche sage deht,
das wo kaan Fremder richtich seet.
(Un, wann er sich die Zung verbricht)
Des Wörtche – naa! – das packt er nicht!
Heut sin mir freilich nit mehr so
un sin for jeden Fremde froh,
der sich an unserm Wein ergötzt
un manchen gute „Halwe" petzt.

Drum – daß es Jeder weiß, Ihr Leut,
do geww ich Euch den Schlüssel heut
zu all der Pracht un Herrlichkeit.

Das Zauberwort – verloßt Eich druff –,
das schließt Euch jeden Keller uff.
Es klingt so zart, es klingt so fein-che
wie lauder Duft un Sonneschein'che –
Das Losungswort heißt: „E fei Wei-che!"

Die Hallgartener Madonnen-Legende

En Hallgaader Bauer, der heirate wollt
en Meedche von „üwwer de Hieh",
hot einstmals en Halbstück uff Hausen gerollt
mit Leiderwage un Küh.

Da – kurz hinner'm Ort, do bricht em en Rad.
Das Halbstück das dotzt uff en Stein,
un üwwer den staawiche Wingertspaad
do leeft em sein Hochzeitswein.

„Lieb Muttergottesje!" kreischt da der Borsch.
„Des wär mer'n schöner Spaß!
Als Hochzeiter wär'n ich jo drunner dorch
do mit mei'm leere Faß!"

Un wie er so traurich steht dabei
un nimmt sich en Noos von dem Duft
un denkt: „So richt nur en Hallgaader Wein!"
do glitzert die Mittagsluft.

Do kimmt aus de Wingert wunderbar
die „Hallgaader Jungfer" geschwebt.
Die Muttergottes mit goldene Haar,
grad wie se leibt un lebt.

Sie redd kaa Wort un lächelt mild
un hot mit de Scherb in de Hand
das Halbstück widder beigefüllt
mit Hochzeitswein bis zum Rand.

De Borsch der krieht nit zu de Mund
un reißt die Aache uff.
Do lieht das Halbstück ganz un rund
jo uff seim Wage druff!

Doch, wie er grad noch rufe wollt:
„En Wunner is geschehn!"
da war nur noch en Zibbel Gold
un sonst nix mehr zu sehn.

Der Borsch, en dicker Winzer-Sohn,
der hat vor Dankbarkeit
en Muttergottesbild von Ton
zum Andenke geweiht.

In Eberbach nahm der Künstler Modell
vom Ebenbild, lieblich un süß.
Das steht nit mehr uff seiner Stell.
Sie hawwe's in Paris.

Doch unser Jungfer in dem Gau
das is die schönst' am Rhein.
Das ist die „Rheingauer Liebfrau",
die segnet unsern Wein.

De Schiffmann un de Nickelees

Lorcher Schifferlegende.

Spät von Rüddesum nach Lorch
wollt en Schiffmann noch –
s'war schont Uhre siwwe dorch –
fahrn durch's Binger Loch.

„Baldes, gucke emol den Raach!"
seet sei Fraa „Bleib do!"
„Heut is Nickeloose-Daach,
fahrn ich sowieso."

Newwel war so dick wie'n Supp,
Welle rollte schwer.
Owwedrüwwer danzt die Schlupp
munder hin un her.

S' war kaa Sternche, das do leucht'
un kaan Mondeschein.
Nix wie Wasser, kalt un feucht,
Felse, Kribbe, Stein.

Owwedrüwwer dohbt en Sturm,
daht die Segel blähn
un er hot de Mäuseturm
nitemol gesehn.

Krisch un Heule daht er hörn,
fraasterlich Gebell,
wie wann do Gespenster wärn
aus de unnerscht Höll.

„Sackrelot, bleibt mer vom Frack!"
kreischt der Baldes doch.
„Wo ich wie mein Hosesack
kenne's Binger Loch!"

Halt – do üwwe is en Schein
an dem Ufer mild.
Steht do nit im Kerzeschein
s'Nickeloose-Bild?

Wie er noch donüwwerguckt,
kriehter'n schwere Knuff.
Un das Boot hot aageruckt.
Uff em Staa sitzts druff!

„Nickelees!“ so kreischter fast,
„wanns de helfe meechtst,
Du en Kerz so dick wie'n Mast
zur Belohnung kreechtst.“

Un, wie wanns en Wunner wär . . .
Aus dem Sturmgebraus,
aus de Wolke dick un schwer
lubcht de Mond eraus.

Un mein Baldes sieht den Staa,
leht die Rieme in,
stumpt sei Schluppche ganz allaa
widder in die Rinn.

„Nickelees, wann ich von Lorch
komme widder haam,
kriehsten Kerzje, alleh horch! –
dick so wie mein Arm!“

Un der Wind hot sich geleht
un der Mond, der blitzt
un der Borsch hot sei Gebet
hordich schont verschwitzt.

„Nickeleesje!“ seeter froh.
„Des war awwer'n Glick!
Kriehsten Kerzje, gummoldo . . .
wie mein Daume dick!“

Wie in Lorch er wollt ans Land
un das Glöckche klängst,
war em schon ganz unbekannt
all sei Dodes-Ängst.

Dreht sich um un lacht so schlecht:
„Komm, sei mer nit bees!
Nit en Dattche!“ er dann secht
„kriehste, Nickelees!“

Kimmt en Well', robbt en redur.
Unner mußter gehn.
Nienit hot mer mehr en Spur
von dem Kerl gesehn.

Sprüch und Spütze

Wanns de meenst . . .

Wanns de meenst, es deht was nutze,
daß de flennst un simmelierscht
un mit Sorche, Kreem un Sputze
s'Lewe Dir verschamerierscht,

biste err, dann mit dem Krumbel
henkste Dir nur selbst en Baa.
Jeder Ärcher gibt en Schrumbel,
jeder Zorn – en Galle-Staa.

Kleener wern die greeßte Iwwel,
wann mer'n korz en Stumbert gibt
un mit Siwwemeile-Stiwwel
aafach owwedrüwwer hippt.

Flenn mer nit, sonst gehste unner!
Wasser is genug im Rhein.
Das fließt als de Berg enunner.
Nuffzu's? – fällt dem gar nit ein.

Nachtlied

De Mond steht üwwerm Giwwel
un unnerm Bett – die Stiwwel
un alle Bürger ruhn
mit sauberem Gewisse
uff ihre Koppekisse
aus buntgewerfeltem Kaddun.

Doch, haamlich uff de Schlappe
hört mer des Unheil dappe . . .
Wer waaß, bei wen sich's leht?
Wer schläft, den duht nit wecke!
Der krieht schont selbst sein Schrecke,
wann's Daach werd un de Gickel kräht.

Doch – uff manch Koppeziche
kimmt nachts aach's Glick geschliche.
Drum schlaft in guter Ruh!
Ob gut, ob bös der Morche . . .
Wer schläft, duht sich nit sorche.
die Nacht deckt alle Üwwel zu!

Sterne-Gucker

Was is de Mensch for'n klaaner Krimmel
so vis-à-vis dem Sternehimmel!
Un mecht er noch soviel Krageehl –
do werd er still un klaa wie Mehl,
wann er mol, statt ins Portmonneh,
so unversehns guckt in die Höh,
wo Mond, Gestirn' un die Planete
ihr'n ewiche Kreislauf ziehe dehte.

Do kimmts em in sein Spatze-Hern,
daß all die ville goldne Stern
do drowwe Sticker Jahrmilliarde
minanner schont gestanne hatte,
wie's noch kaa Dorf un noch kaa Stadt –
un aach ihn selbst nit gewwe hatt,
un daß die wahrscheins noch do steh'n,
wann längst ihm duht kein Zahn mehr weh,
wann all sei Sorche, all sei Glick,
verflohe wärn – wie'n Aadaachs-Mick.

O Mensch! Komm nemm Dich nit so wichdich!
Genieß das bißje Lewe richdich
un duh der's nit mit Faxe-Bosse
noch mit Gewalt verpusche losse!

Daß, wanns de einst aach drowwe schwebst
un nit mehr hier uff Erden lebst,
als Sternche owwerunner leuchtst,
Du Dir nit vorzuworfe bräuchst:

„Jetzt guck, was is die Welt so schee!
Ich Simbel duhn des jetzt erscht sehn
un hab – vor lauder Zucht un Hast –
dodrunne s' Allerscheenst verbaßt!"

Mach Dich nit grie . . .!

Mach Dich nit grün, sonst fresse Dich die Geiße!
Scherz' Dich nit rot, sonst beiße Dich die Gäns'!
Wer in die Luft guckt, duht sei Schees umschmeiße,
un wer mi'm Feuer spillt, den brennt's!

Die Veechel, wo so früh schon morchens singe,
baß uff, daß die die Katz nit owends frißt!
Un – willste gar die Bach enüwwerspringe,
dann . . . sag nit „hoppla!“, eh Du drüwwe bist!

Strens‘ kaa Beern!

Stren‘s kaa Beern uff fremde Wisse!
Du kaam Borsch sei Meedche küsse!
Struns nit mit gelehnte Sprüch!
kimmts eraus – blamierschte Dich!

Guck nit schepp in annern Dippcher!
Sei zefridde nur un froh!
Nit in jedem Kraut lieh‘n Rippcher . . .
un der Schein trügt sowieso.

Leh Dich nur nit an de Lade!
Kehrste vor Deim eigne Dor,
robbst die Quecke in Deim Gaade,
hoste garkaa Zeit defor!

„Horchemol!“

Sag‘ zum Lewe kräftig: „jo!“
Der wo „naa“ sagt werd nit froh.

———

Wer sich‘s Lewe selbst versauert,
is nit wert, daß mer‘n bedauert.

———

Was mit Flenne als falliert,
geht mit Lache wie geschmiert.

———

Prowierts emol, wie alles klappt,
wann mer nur Freundlichkeit verzappt.

———

Es geht dem Mensche wie dem Most.
Wann der die zwaa nit dowe loßt,
solang se jung sin un dowe wolle . . .
dann mache‘ses später, wann se nit solle.

———

Jemand wohltun jeden Tag,
is en Kabidals-Anlag.

Die Gutheit zur verkehrte Zeit
ist oft en Stückche Schlechtigkeit.

Hall Dei' Geldche gut beinanner,
awwer rechen aans ins anner!
Mach nit weeche'm Penning Bosse!
„Lewe" heißt's un „lewe losse!"

Habter Krumbel, Zorn un Gnieß . . .
schennt nit, geht Euch aus de Fieß!

Hoste was verkehrt gemacht,
mach's noch in die Reih vor Nacht.
Loß die Sonn' nit untergehn,
üwwer Zorn un Mißverstehn!

Das Lewe is – genau betracht! –
das, was mer selber ausem macht.
Drum guck Dich um un sei nit dumm!
Wie hordich isses doch erum.

Friejahr, Summer, Herbst un Winder

März

De Schnee is fort un Frühjahr werd's,
die Veechel jubiliern.
De Mensche werd's ganz eng um's Herz.
Un guckt nur, wie se uff den März
verschiede reagier'n.

Der Aane mecht in Poesie,
in Liebe un Gesang.
Die Anner butzt mit Saafe-Brieh
un stillt als Frühjahrs-Butz-Schenie
den neue Tatendrang.

Ob Rendez-vous, ob Worzelberscht,
ob Lyrik, Frühjahrs-Kur . . .
Mach nur, daß Du de allererscht
an Leib un Seel erneuert wersch
wie drauß die jung Nadur!

Sankt-Urbans-Lied

(auf einen alten Mittelheimer Winzerbrauch)

Sankt Urban, schaff Dich schnell ebei!
Die Eismänner im Monat Mai
die fange an zu dowe.

Geh – breit' Dein große Mantel aus
un schaß' die Kerl' zum Wingert naus!
Mir wolle Dich auch lowe.

Die strenge Herrn reschiern so gern
mit Eis un Schnee un Schlooße.
Der Servaz un der Bonifaz,
die kalte Sophie, der Pankraz
mit volle Backe bloose.

Mit Kissele un Eis un Schnee
duhn se de zarte Blättcher weh
un aach de erchte Potte.
Wann Du nur kimmst, in Schutz uns nimmst,
dann is en Halt gebotte.

Un sin die Fröst' dann gut vorbei –
an Deinem Namensfest im Mai,
dann duhn mir Dank Dir sage.
Zum beste Wingert dann zum Lohn
werscht Du in einer Prozession
ganz feierlich getrage.

Doch, hoste – unner uns geschwätzt –
Dei Uffsichts-Pflichte grob verletzt,
dann – nemm's uns nit for üwwel –
Bei allem schulliche Respekt
werscht de dann mit de Füß gesteckt
grad in en Wasserküwwel.

Un das is – ach herjemineh! –
For'n Weinpatron kaa Renomee!
Un kann uns aach nix nütze.
Guck lieber aus Deim' Himmels-Saal
uff unser Rewe allzumal
un duh se uns beschütze!

Gertrud

Gertrud, komm mei goldich Herzje,
stopp die Weide unner's Scherzje,
loß dehaam die Arbeit stehn
un duh mit mir gerte gehn!

Ich duhn als den Weinstock schneide
un Du gertst en mit de Weide,
bindst en schön in Boge an,
daß auch die liebe Sonn kann dran.

Guck, wie hell scheint se erunner
uff das unbegreiflich Wunner,
daß, was kahl scheint un verderrt
bald zu goldne Traube werd.

Wann mir schaffe so minanner,
geht die Arbeit aans ins anner.
Alles is nur Spielerei,
wann e bißje Lieb dabei.

Meedche, selbst so stracks wie'n Gertche,
sag mir nur aa aanzich Wörtche,
obsde – wann de Herbst is hein
mit mir trinkst den Hochzeitswein?

Gert' mein Wingert, bind' mei Rebe
gradsofest wie Du mei Lebe
host gebunne, goldich Oos!
Loß mersch nur nit widder los!

Rheingauer Himmelfahrt

Kercheglocke, die frohlocke:
„Alleh, macht Euch uff die Socke!
Duht nit hinner'm Ofe hocke
bei der Frühjahrs-Herrlichkeit!
Himmelfahrt is heut, Ihr Leut!"

Un, weil's himmlisch Paradies
halt in unserm Rheingau is,
wolle se in helle Schar'n
all mol in de Himmel fahrn.

Früh schont mit de Veechelcher
un geschmückt mit Neechelcher
ziehn die Wanderer durch's Ort
(vill gibt's nit mehr von der Sort)

Alles strambelt mit de Räder
Autos komme ebbes später.
Dafor awwer in Massione!
Awwer dann . . . die Prozessione!

Was en Anblick! – Groß un Klaa . . .
Aanich zieht die ganz Gemaa,
de Herr Parre, die Kaplane,

Buwercher mit Kreuz un Fahne
in de nowelste Mondur
aadächtich dorch die Nadur,
um mit Bete un mit Singe
Gottes Segen für's Gelinge,
für's Gedeihn von Korn und Wein
„anzuflehen insgemein!"

Vorne bet' de Lehre vor,
mitte singt der Jungfrau'n-Chor.
Nur die Mannsleut sin en Spur
im Gesangbuch noch redur,
weil se sovill gucke müsse
uff de Äcker, uff de Wisse,
wie de Waaz, de Hawwer stieht,
wer die mehrschte Eppel krieht,
ob die Wingert all gegert' . . .
weil das Alles sonscht nix werd.

Trotzdem tönt der Lobgesang
lieblich die Gemack entlang,
dringt mit Weihrauch, Kerzeduft
in die blaue Frühlingsluft.

Bis sich irdische Gerüche
aus de sonntägliche Küche
haamlich in die Andacht mische
un zum Schluß als Lohn duhn winke:
Frische Spajel, Schweine-Schinke!

Rest vom Daach gehört de Vattern,
die die Freiheit sich ergattern,
die, wie in verflossene Jahrn,
wo se los un leddich warn,
ohne Weiwer, mit Genuß
zwänge sich im Autobus.

Mit de offene Krage-Knöppcher
un de angeraachte Köppcher
singe se mit vill Getön:
„Warum ist's am Rhein so schön?"
Bis se das erausgebracht
wird's dann Owend, s'wird auch Nacht.

Un der Mond wird blaß un blässer
un der Wein schmeckt immer besser!
Schließlich sieht mer so Gestalte
an de Ecke fest sich halte.
Packe mit Gewalt noch grad
treppenuff – die Himmelfahrt
ohne Schuh uff leise Fieß . . .
Awwer – vor dem Paradies
steht der Engel fürchterlich:
„Alter Simbel, schämste Dich!"

Die Feuerwehr

Wer deht Hab un Gut uns rette,
wann kaa Feuerwehr mir hätte?
Wer deht – aach, wann's nit deht brenne –
sorche, dass mir lösche könne?
Feste feiern, klaane, große,
Trumbeet un aach Schoppe bloose?
Ei, so ebbes gibt's nit mehr
als wie unser Feuerwehr!

Wann's Alarm nachts peift un trummelt,
werd geschennt nit un gebrummelt.
Wer fährt hordich in die Kleider?
Wer holt Spritze, Schläuch un Leider?
Un wer turnt mit Helm un Stiwwel
nuffzus uff die höchste Giwwel,
sterzt sich widder's Flamme-Meer . . .?
Unser düchtich Feuerwehr!

Un sie krawwele wie Gemse,
wann die Balke aach schont flemmse,
Boord un Diel un Böddem raache,
daß es bizzelt in de Aache.
Setze kalt auf's Spiel ihr Lewe
for en Kind erauszuhewe
– for kaa Geld un for kaa Ehr –
Unser dapper Feuerwehr!

Lieht das Feuer in de Aesche
gilt's en annern Brand zu lösche,
weil die Gorjel is so trucke,
daß mer nit demit kann schlucke.
A j ! Do is en halwe Schoppe
uff en heisse Staa nur'n Troppe!

Drum – von alle Qualidäde,
wo im Rheingau wachse dehte,
– aa Ehr for die anner Ehr –
s'allerbest grad richtich wär
for die dorschdich Feuerwehr!

Dir Aan – Mir Aan odder „Die Eppelstrenser"

De Feldschütz dappt in de Gemack
zwei Eppelstrenser mit dem Sack
un is en noochgeloffe.

„Haam gehn mer nit – dass der uns kennt . . ."
Die Buwe kriehn sich an de Händ
un nix wie in die Kerch gerennt.
Die Kerchedür stand offe.

Doch von dem feierliche Ort
deht se ihr schleecht Gewisse fort
de Turm enuffzu's dränge.
Sie krawwele die Trepp enuff
un stumbe owwe's Dürche uff,
do wo die Glocke hänge.

Der Schütz rennt drunne hin und her.
Er findt die Zwaa im Ort nit mehr,
so vill er sich duht eile.
Die hocke schön im Glockehaus,
leern do ihr'n Sack mit Eppel aus
un fange aa zu deile.

Wie dann der Küster läute will,
do hört er's in der Kerchestill
ganz deutlich drowwe schwetze.
Horch: „Mir Aan – Dir Aan!"
klingt's ganz laut.
Der Küster krieht en Gänsehaut
vor Schrecke un Entsetze.

Er steiht drei Stufe in die Höh
un: „Dir Aan! – Mir Aan!" aus de Näh
schallt's in die Kerch erunner.
Er rast in's Pfarrhaus – schreckensbleich.
„Herr Parre, komme Se doch gleich!
Im Turm geschieht en Wunner!

Do drowwe hockt de liewe Gott,
macht mit dem Deuwel en Komplott
und deilt die arme Seele."
„Ach, Unsinn!" seet de Parre druff,
setzt awwer als sei Stülpche uff.
„Mir kannste nix verzeehle!"

Derweil leert als das Buwe-Pack
die letzte Eppel aus dem Sack,
daß Jeder seins deht krieje.
Zwaa Eppel dotze bissje schepp
un bleiwe uff de Kerchetrepp
e Stückche diefer lieje.

Un eh se fertig sin verdeilt
da komme in die Kerch geeilt
de Parre mit Begleiter.
Sie stehe vor de Sakristei
un rein – da horch – wie Zauberei
tönt's „Mir Aan – Dir Aan!" weiter.

De Parre krazt sich hinner'm Ohr.
Die Sach kimmt em unheimlich vor.
Wie se sich noch besunne,
fährt en de Schrecke in die Baa . . .
Sie gucke sich entgeistert aa.
„Zum Schluss" tönts „komme jetz noch draa
die letzte Zwaa do unne!"

Rüdesheimer Weinfest

Eh die Schwalwe flieh'n,
Trauwedrücker zieh'n
un die Blätter flattchern von de Äst,
hält die Sommerzeit
noch en Freud bereit . . .
kimmt zum Schluß das Rüdesheimer Fest.

Un ganz Rüddesum
dreht sich rundherum
wann mit Schrummdibum die Musik spielt.
Aus de Brunne quillt
goldner Wein so mild,
dass mer wie im Paradies sich fühlt.

Rote Bäckelcher,
blonde Löckelcher
un die Röckelcher, die flieh'n beim Tanz.
Schönste Winzerin
wird die Königin;
trägt en Jahr im Haar den Rewekranz.

Darum singt un trinkt,
bis de Mond versinkt,
denn das Lewe kann so herrlich sein.
Wenn de Winter kimmt
un die Sunn mitnimmt,
seid Ihr eiwennich voll Sonnenschein!

Lieb gut Sönnche!

Lieb, gut Sönnche, zieh kaa Schnut!
Lach! Dann sin mir froh.
Geh nit fort! Komm, sei so gut –
bleib' e bißje do!

Bis die Quetsche hotzele
un am Baum verderrn
un die Trauwe brotzele
un zu Honig wern.

Wann kaan aaner Sonne-Kuss
unser Träubcher reift . . .
Aj! dann geebs en Surius,
den kein Deuwel säuft.

Sauern Zeide, sauern Wein . . .
Geh, des wär doch nix!
Lach' uns mit Dei'm hellste Schein
dief bis in de Herbst enein –
himmlisch Zuckerbüchs!

Herbst-Aussichte

Was kammer wisse, wie der Wein,
der Neue, sich duht arte?
Un ob er groß werd odder klein?
En Krätzer odder'n Zarte?

Un, wannsde uff Dei Weisheit schwörscht . . .
Was nützt des allminanner?
Im letzte Dippche findt sich's erscht.
S'is Kaaner wie de Anner.

Noch nit emol im Herbst mer's waass,
hot mer'n' in Faß un Bütte.
Un – hosten sogar schont im Glas . . .
Du könnsten noch verschütte!

Die Traube-Les'

Herbst werd's, wann des Laub duht falle,
wann die Schütz im Wingert knalle,
wann wie weisse Wäsche-Stücker
flattchern mojns die Trauwe-Drücker.

Wann vorbei die Quetsche-Kuche
un die Leut die Wämmes suche . . .
Kalte Händ un kalte Füss –
Dann sind aach die Trauwe süß –.

Trauwe lese – denkt der Städter –
dehte nur bei schönstem Wetter
Leserinne wunderbar – fein mit Rewelaub im Haar,
wie's die Bücher stelle dar.

Pfeifedeckel! s'is nit wohr!
Awwer trotzdem isses kloor!
Mojns, wann's läut', mecht Groß un Klaa
sich mit Aamer uff die Baa.

Tant un Goot un Bas un Bäwwel,
Kinnercher, was for'n Gezewwel!
Zu bis an die Noose-Spitze.
(Mehrschtens sin kaa große Hitze)

Un sie duhn sich uff die Zeile
newernanner schön verdeile.
Stehn am Himmel siwwe Sunne
is der Daach schont ganz gewunne.
Doch, wann's reechent, stermt un friert,
dann werd aach nit lamendiert,
wann die Gorjel nur geschmiert.

Un – was meenter – de klaa Schambes
hot die ganze Schuck voll Schlambes,
schlenkert Grund von seine Stiwwel
seiner Oma in de Küwwel.

„Ei, was michste dann, Du Ferkel?"
schennt se, „Raff doch liewer Berkel!"

Un der Schorsch, der Butte-Träjer,
schafft sich bei die Meedcher näher
un er bückt sich, dass die Kätt
nit so hoch zu hewe hätt.
Doch das oosich Mensch zum Dank
schütt' em Trauwe in die Ank.

A j ! Do könnter ebbes hörn!
Un die Schnäwwel un die Scher'n
von de Borsch un Meedercher
laafe wie die Rädercher.

Lieder hört mer Dur un Moll.
Hordich sin die Bütte voll.
Wann's dann Feierowend bembelt
werd noch düchtich ingestembelt.

Un de Feldschütz ruft: „No, wie?
Gibts dann diss Jahr orndlich Brüh?
Habterse auch schont gewoge?
Un auch nix dezu geloge?

So'n Herbst muss mer esdimiern
un die Leser regalliern.
Wo der Sege so geflosse,
derf mer sich nit lumbe losse,
un mit Worscht un Weck un Wein
auch beim „Schluss" kein Zähbach sein.

Keller-Recht

Wer ohne „Hut ab!“ vor dem Wunder Wein
rast in en Keller wild enein,
duht drin mit Rauch un Blumme-Düfte
die sauber Kellerluft vergifte,

neugierich kloppe widder Faß un Bütte,
duht feine Wein wie Wasser schütte,
anstatt en mit Verstand zu probe.
Wer babbelt, statt, wo's gilt zu lobe,

wer nur aus Dorscht un Üwwermut
sich einfach dunke will die Schnut.
Für den is unsern Wein zu gut!

Doch, wer'n genießt mit Herz un Mund,
macht aus der Prob' en Feierstund . . .
Dem is auch unsern Wein gegunnt!

Eppelches-Lied

Heia bobbeleia, schloof in, mei Kind!
Hörste hinnerm Haus de Wind?
Spielt mit de Eppelcher Blindekuh,
werft se ins Gras un peift noch dezu!

Morche gehn mir, mei Herzje,
raffe se all in's Scherzje,
mache'n en Bettche von Stroh.
Dann sin die Eppelcher froh!

Lieje in ihrn Eckelcher,
krieje rote Bäckelcher
bis se des Chriskinnche findt . . .
Schloof, mei goldich Kind!

Nachredd uff en alte Kalenner

Wie arm und derr is so'n Kalenner
am Jahresend', besonnerscht wenn er
verrobbt is bis uffs letzte Blatt.

Un war doch jung vor fuffzich Woche
un hot uns allerhand versproche,
wann er's aach nit gehalle hat.

Mit Sprüch, Rezepte, Feiern, Date
hat er Eich werklich gut berate.
Jetzt losster an em kaa gut Hoor
un wollten zu dem alte Eise
ganz aafach in die Dreck-Eck schmeisse . . .
Do isser doch se schad defor!

Weil Ihr doch Manches bei'm gewunne
sollter'm de Heldentod aach gunne
als Veteran im Schooß der Zeit.
Lossten mit Dunnerschläg' verknalle,
mit Frösch un Feuer Einzug halle
in die Kalender-Ewigkeit!

Gute Vorsätz'?

Wann mer des allerletzte Blatt
von dem Kalenner roppt,
wann's alt Jahr fortdapcht, lahm un matt
un's neu an's Fenster kloppt,

do werd's eim wunnerlich im Sinn
– wann mer aach strunst un lacht –
Mer stickt halt in der Sach nit drin,
de Aa hippt doll und voll enin,
de Anner mit Bedacht.

Do hockt mer in seim Eckelche,
wann's zwölf vom Kerchtorm schleht
un freecht sich, was for'n Päckelche
das Neujahr in seim' Säckelche
eim dann so bringe deht.

Mer nimmt sich vor: Im neue Johr
do wär mer nit so dumm
un schafft un rafft un knulcht un wulcht
un jackert nit so rum.

Un weiss genau: S'is for die Katz,
mer nimmt sich doch kaa Zeit,
un lebt als weiter in der Hatz,
hockt nächst Jahr uff demselbe Platz
genau noch so wie heut.

Was nützt das all? – Was kimmt, das kimmt.
„Prost Neujahr"" schenkt als ein!
Wer sich des Best' vom Lewe nimmt,
dem scheint im neue Jahr bestimmt
de hellste Sonneschein!

Unser goldich Fassenacht

Die Bütte-Redd'

Kinner, halt' e bissje Ruh.
Schmeißt die Hausdür nit so zu!
Pischbert leis un geht uff Schlappe –
macht die Trepp enuff kaa Dappe!
Radio derfter aach nit hörn,
um den Babba nit ze störn,
dann der Babba lieht im Bett
un verfaßt sei Bütte-Redd!

Uff de Stern die helle Troppe,
newer sich en halwe Schoppe,
duht er in de Wehe lieje
for das Kunstwerk auszebrieje.
Dann er meent so unner'm Schwitze
keemde die Gedanke-Blitze.

Appelkrotze mache fröhlich,
saat schont einst de Schiller selich.
„Als ebei mit dem Gescherr!
Ewe werd's – macht mich nit err!

Mamma, alleh, hol' Babier,
hock Dich bei mich un nodier:
‚Rhein und Wein und Mägdelein . . .
da . . . jetz fällt mer nix mehr ein'.
Was reimt sich uff „Ritz am Baa?"
(Och, was Is mer üwwel draa!)

. . . heut reschieret hier Gott Jokus . . .
Dodruff reimt sich Hokus-Pokus . . .
‚Hurradiegeih' hört aach debei
Worscht, Weck, Wein un Sonneschein . . ."

Endlich reisstem die Geduld,
Plimmoh stumpt er fort un Kult,
trinkt sein halwe Schoppe aus
un hippt ausem Bett enaus,
stülpt die Schellekapp uff's Hern,
hängt uff's Nachthemd noch de Stern . . .
un die Mamma staunt un lubcht –
„Endlich, endlich hot's geflupcht!"

Und es läuft der Verse Fluß
hordich wie en Omnibus,
bis zum „donnernde Helau!" –
Alleh, Kinner, macht Radau!
Derft die Dür aach widder schmeisse
un's ganz Bajes sammereiße,
weil der Babba glücklich hätt
sei groß Gala-Bütte-Redd!

Rheingauer Kreppel-Lied

(Das uralte Fassenachts-Kinderlied,
ein bißchen „weitergesponne")

Hoh hoh hoh – die Fassenacht is do!
Un, wenn mei Mutter kaa Krebbele backt,
dann krieht se aach kaa Holz gehackt.
Hoh hoh hoh
die Fassenacht is do!

Naa, naa, na – so fange mir nit aa!
Die Krebbel spautze in dem Fett,
Wer Daler braucht, versetzt sei Bett.
Eins – zwei – drei
– was issen do debei?

Dorscht, Dorscht, Dorscht!
Dafür gibt's Weck un Worscht.
Un Wasserweck un Sunneschein
un Meedercher un junge Wein.
Uj, wie kloor
kimmt uns das Lewe vor!

Eijeijei – wie fein schmeckt uns der Wein!
Un wann das Geld versoffe is
un wann der Markt verloffe is,
s'is kaan Kram,
dann gehn mer noch nit haam!

Horch, horch, horch! Mir mache aafach dorch!
Im Bett da sterwe nur die Leut.
Mir lewe alle Daach wie heut.
Bum bum bum!
Wie hordich is' erum!

Guckt Euch um! Die Welt danzt rundnerum!
Die Oma mit de Enkelcher
danzt üwwer Disch un Bänkelcher,
daß es kracht,
dofor is Fassenacht!

Hoh hoh hoh – die Fassenacht is do.
Un wer Euch seet, des wär nit wohr,
der liet un mecht Euch ebbes vor.
Nix wie draa !
„Helau!“ un „Ritz am Baa!“

Aschermittwoch

Die Kerz brennt aus.
Jetz nix wie naus!
Jetz geht's in Sack un Äsche.
Des Portmonneh –
o jemineh –
des werd heut ausgewäsche.

Die Seckel leer,
de Kopp so schwer,
so mied, so daab, – kaa Wunner!
Die Narredei
is all vorbei.
Jetz fällt de Sack erunner.

Kaan Mond, kaan Stern,
so leer des Horn
wie'n ausgebrennter Krater.
Jed Hoor is krank
un in de Ank
hockt schuckeschwarz – de Kater.

Wann der aach petzt,
zuguterletzt
hot er mit seine Kralle
bei Dir im Sinn
eiwennich drin
schon Frühjahrs-Butz gehalle.

Allerlei »Stickelcher«

Die Gaasse-Milch

(im Alter von 12 Jahren gedichtet)

Drowwe rechts newer de Kerch
wohnt dem Katherin sei Schnerch.
Mit zwaa Gaase un ihrm Jaab
wohnt se drowwe un war daab.

S'Katherin vom Berschtebinner
schickt medaachs enuff die Kinner.
„Hullt mer e bissje Gaasse-Milich!"
saat se „Dies is drowwe billig.
Nemmt Eich do den schwatze Kroppe.
Moje bräuchter mer zwaa Schoppe."

Die zwaa Kinner hun gelacht
un sich uff de Weg gemacht.
Wie se drowwe aa sin komme,
hun se se beiseitgenomme,
dahte laut in's Ohr er kreische:
„Moje mer zwaa Schoppe bräiche."

„Ei, was wollter dann Ihr Liebcher?"
seet se üwwer die zwaa Biebcher.
„Misst mersch nochemol erklärn,
weil ich ebbes hart duhn hör'n!"
Lauter kreische die zwaa Stoppe:
„Moje brauche mer zwaa Schoppe!"

„Schreibt mersch uff!" seet se „Ihr Kinn!"
un leht en die Dafel hin.
Miehsam un die Stern voll Troppe
krozzele se „Ei zwaa Schoppe."

Sie hält's grad un hälts verkehrt,
hot geguckt un buchstawert,
bis se üwwer's Scherschje seet:
„Du – eich hun mein Brill verleht!„
Pischbert haamlich em in's Ohr:
„Les mersch hordisch emol vor!"

Die Bilding

Zwaa Weiber stehe uff de Gass,
balaatsche diss, balaatsche das.
Nadierlich kimmt aach druff die Redd,
wer die gescheitste Kinner hätt.

Die Müllern hält der e Gestruns:
„Des Best is gut genug for uns!
Mir henke was an Unsersch draa,
hun's uff die Dolmetsch-Schul gedaah.
Was meenter!" kimmt se in die Woll,
„Das Kättche metscht aach schont wie doll,
Franzeesch un Spannisch, wie mersch will.
Dem steht de Schnawwel garnit still."

„Franzeesch un Spannisch? – s'wär gelacht! –
Den Fehler hun mir nit gemacht",
hot do die Schmitten druff gesacht.
„Mei Ursela, Ihr guckt Eich um –
des Kind geht uffs Gymnasdigum,
uff's humoristische dezu . . .
Mer muss was for die Bilding duh.
Des Meedche lernt in aaner Tour,
mecht Ostern schont sei Appredur."

Un, dass die Müllern glaawe deht,
was des for Sprooche all versteht,
winkt se ihr Dochter bei un seet:
„Komm, alleh, bei mich, Ursula
un schwetz emol uff Alschebra!"

Die ärztlich Verordnung

De Schorsch deht owends „kellneriern"
un manchen Schoppe Wein serviern.
Doch, wie's schon in de Bibel steht,
dem Ochs mer's Maul nit binne deht
beim Dresche un aach nit beim Saufe,
so hot der Schorsch, voll Dorscht vom Laufe,
was er da vor sich her geschleppt,
gar manchmal selwer ausgeschneppt.

Un – wie's beim Suff halt als so geht . . .
sein Herzbennel en petze deht.

Streng saat der Dokter üwwer's Scherchje:
„Dei Herz is garnit puschber, Berschje!
Ich deht jetz uff den Ratschlag hörn . . .
dem Alkohol de Rücke kehrn."

Vier Woche druff siehten de Dokter.
Sternhagelvoll am Steuer hockter.
(Der Schorsch fährt for en Spediteur
en Lastzug Wein jetz als Schafför –.)

„Ei, Schorsch, was michste dann for Bosse?
Du sollst den Alkohol doch losse!"
„Von ‚losse' konnt ich garnix hörn . . .
Ich sollt em bloß de Rücke kehrn!"
Guckt hinner sich mit scheppem Blick:
„Ei, guckt – eich hawwen jo im Rück'!"

Die gute Werke

Die Gret daht letzt uff Maiedahl
ihrn Hannes beichte schicke,
un werklich duht sei Sündezahl
ihn unnerwegs bedricke.

Die Schoosseh nuffzus er drum deht
erforsche sei Gewisse.
Do kimmts em aach, dass er sei Gret
hot alsemol geschmisse.

Die Last lieht uffem wie en Schdaa (Staa)
Er duht vor Reu ball flenne.
Un wie er kimmt im Beichtstuhl draa
deht er sei Sünd' bekenne.

„Ei Mann!" seet do der Pater druff,
wie er sich aa duht klage:
„Hör' mit de gute Werke uff
und duh Dei Sünde sage!"

Wer hot, der hot

En Stickelche aus der „Schrottelzeit“

Wer alleweil in dere Zeit
aan sitze hot, werd‘ noch beneidt!

De Valldin hot beim Herbstschluß drowwe
en Ferchterliche mol gehowwe.
Er dorzelt uff de Gass erum
un rennt als die Stackeete um.
En Dorfahrt hoter mitgenumme
un is bis uff die Schosseh kumme,
Do hot en dann – des sin kaa Bosse –
sei Gleichgewichtsgefühl verlosse.

Er hot dem Mond noch zugewunke,
der schepp erunner hot geblunke,
dann sterzt er üwwer‘n Huwwel Schnee . . .
do lieht er weich un‘s duht nit weh.

Sei Luwissje kimmt per Malör
die Schosseh ruff von Elfeld her.
Die Zwaa die giehn seit Kerb minanner
un aans is narrischer wie‘s anner.
Des Luwiss is kaa schlecht Baddie,
sein Vadder hot zwölf Halbstück lieh.
Des stickt dem Valldin in de Noos.
(Es is aach sonst en goldich Oos.)

„Manjoseb!“ kreischt‘s, wie‘s en do sieht.
„Ei Valldin, biste dann so mied?
Komm, alleh, stell Dich emol uff
un mach mit mir die Schosseh nuff!
Du duhst Dich jo im Schnee verfriern!
Ich kann Dich doch nit mandeniern!“

Es zerrt un zobbelt un proweert,
bis es en Mannsbild komme hört.
„Komm, Jaab!“ rief‘s dem, „packemol aa!
Stell‘ mer den Valldin uff die Baa!“

Der Jaab is heut newer de Kapp,
weil üwwerall de Wein so knapp.
Der Dorscht der stickt em in de Knoche.
Wie er den Valldin hot beroche,

do krieht er grad vor Zorn die Gichtern,
weil dar is voll un ar is nichtern . . .
un brummt: „Die Volleul‘ loss ich lieje,
wenn ich nit selbst en Halwe krieje!“

De Auszieh-Disch

En Möbel-Reisende, der hört,
dass Beckersch Siss will Hochzeit mache,
gleich hordich bei de Vadder fährt
un offeriert die schönste Sache.

„Mei Dochter“ seet der „hot Gefiehl
un duht nur des Modernste wähle.
Was meene Se – des Kind hot Stil.
De Disch nur deht em dezu fehle.

En „Auszieh-Disch“ des wär sei Glick . . .
(Ich waass nix von so Herrschafts-Bosse)
Gibts den in Ihrer Fawwerik?“
„Den kann ich Ihne komme losse.“

De Vadder brummt: „En Ausziehdisch!
Was Aasprüch hot des Oos, for hooche!
Mei Greda hot ihr Lebdaach sich
uff ihrer Bettkant ausgezooche.“

De verlorene Wammes

De krumme Dohn war – wie mer seet –
im Rückkreuz so en Spur labeed.
Ob‘s Gichtern, Rheuma, Podagra,
des war em nit ganz sunneklar.
Doch, weils en arich hot gepetzt,
hot er sich halt in Trab gesetzt,
um weeche all seine Malörn
en Dokter emol aazuhörn.

De Dokter seet em: „Als ebei!
un, mach Dich schont e bißje frei!“

Der Dohn robbt hordich aus die Stiwwel,
dann schält er sich als wie en Zwiwwel
(s'war Winter un ganz duftich drauss)
aan Wammes nach dem annern aus.

Erscht knöppt er uff en Gritzegraue,
dann stribbt er aus en Blitzeblaue.
Schont is er nit mehr ganz so rund,
doch kimmt er als noch uff kaan Grund.

Uff aamol hält er en Gezeter,
weist uff en zwerchgestraafte Zweeter,
der jetz, von Farbe unbestimmt,
zuguterletzt zum Vorschein kimmt,
lacht von de Noos bis an die Ohrn:
„Im Haus geht halt doch nix verlor'n!

Den Wammes, Dokter, denkt Eich nor!
den such eich schont en Verteljohr!"

De Glas-Schrank odder: Die Inbildung

S'Finke Gret, dem Schaa sei Fraa,
is der gar so üwwel draa.
Hot sich uff de Brust verkält',
lieht im Bett un gauzt un bellt,
hust' un gapcht un greint un flennt.

Un ihr'n Alte dohbt un schennt,
weilse'n halt mit dene Bosse
alsfort nit duht schloofe losse.

Letztens hot er aan getrunke
un is müd in Schloof gesunke,
doch die Gret schon widder ruft,
weil sie haldersch krieht kaa Luft.

„Mann!" so robbt se'n aus seim Suff,
„mach mer mol des Fenster uff!"
Doch der Schaa do newedraa
leiht im Bett wie'n Backestaa,
sägt en Baustamm dorch, en dicke,
„Mann, Du lisst eim jo verstricke!"

Un die Gret die hust' un gapcht,
bis er sich erhebt un dapcht
noch im Bann von dene Schoppe,
um des Fenster uffzurobbe.

Awwer – in de Dunkelheit
dorzelt er en Stück zu weit
in die Wohnstubb wo de Gret
all ihr'n Stolz – de Glasschrank – steht,
tobcht am Schlinke hin un her,
meent dass des des Fenster wär.

Weil er schepp gelade hat,
geht die Sach auch nit so glatt.
Noch dezu ganz ohne Licht –
kimmter aus dem Gleichgewicht.

„Sackralot! Dddes Glas is ddünn"
tottelt er – un plotscht enin

Un es kracht un springt un böllert.
„Is des Fenster ingedellert?"
ruft die Gret in dem Moment . . .
Hätt vor Zorn sich nit gekennt
sonst in ihr'n gesunde Tage
un ihr'n Schaa uff's Hern gehaache.

Awwer jetz sieht mer se liche
glücklich in ihr'n Koppeziche,
ademe mit neuem Mut:
„Was duht eim die Luft so gut!"

Neue Mundart-Gedichte

Die Scheese-Fahrt

De Herzoch von Nassau war weit un breit
bekannt für sei Gemütlichkeit.
Er war en ganz lescheerer Fërscht,
der auch den Dialekt beherrscht.

Doch seiner Fraa Elisabeth
basst der nit in die Etikett.
Sie war en Nichte vom russische Zar
un deshalb konnt das hooche Paar
Franzeesisch nur un Hochdeitsch redde,
daß se sich nur verstanne hätte.

„Oh Adolphe!“ sprach sie „Quel malheur!
Nassauisch klingt so ordinär!
Gibst Deinem Kutscher Du die Order,
gebrauch' nicht solche Mundart-Worder!“

De Herzoch hörts un hot beschlosse:
„Jetz mache mer die Herrschafts-Bosse!“

Wie owends nach der Reeünjong
die Equibaasch am Pavilljong
vor'm Kurhaus pünktlich stand parat,
zum Kutscher uffem Bock er saat
(So ganz von owwerab mit Flause):
„Nun, Jean, jetzt fahr Er uns nach Hause!“

Dann steiht er in, auch die Schawell
für Ihre Durchlaucht war zur Stell',
die Funsele war'n angesteckt,
die Herzochin schee zugedeckt,
die Gäul gehn ab mit flotte Gäng' . . .
die Fahrt, die zog sich in die Läng' . . .

Un, wie en Zeitlang dann vergeht,
die Durchlaucht ungeduldich freeht:
„Die Fahrt ist lang – oh je m'en fiche!
Wann sind wir endlich in Biebriche?"

De Herzoch war schont ingenockelt.
Die Schees is weiter als geschockelt,
bis dann mit „Hüh!" und „Prrr!" der Schaa
die Scheesegäul hält endlich aa,
hippt von dem Bock un roppt von auße
den Schlag uff: „So, mir sein in Hause!"

De Herzoch riwwelt sich die Aache.
Die Herzochin hot's umgehaache.
Sie kräckst nur schwach noch: „Nitschewo!
Ist dies die Biebricher Chateau?"

De Herzoch hält de Bauch vor Lache,
seet: „Kerl, was michste dann for Sache?"
wie er gesehn hat, wo se war'n,
„Du Dormel! – Haam solltste uns fahrn!"

Der Neroberger

Hocke abends brave Bercher
hinner ihrm Glas Nerobercher,
gucke durch die goldich Flut,

duhn mit Hochgenuß se schnuppern
mit de Nase, rötlich kuppern,
un sich dunke drin die Schnut,

frage se so unnernanner,
ob de Aa wüßt odder Anner,
wo der Name herrührn deht?

Ob der Nero selig drowwe
sellichmol schont ein' gehowwe,
daß mersch dodeweeche seet?

Wann er drunne in de Therme
daht sich puddele un wärme,
bis er „multum aqua“ hat,

deht er sein Smaragdstein butze,
uffem Berch sein „Vinum“ schlutze
über seiner Bäderstadt?

’s gibtere, die hun bewiese,
daß er „Neresberg“ gehieße . . .
Doch, was is damit geschafft?

Wer den Troppe ’mol genosse,
der aus dem Vulkan geflosse,
kennt dem Borsch sei Feuerkraft.

Un trinkt gege Zorn un Ärcher
hordich sei Glas „Nerobercher“,
denn der gibtem Kraft un Schwung.

Feiner schmeckt kei’m Kaiser seiner,
darum is for Unsereiner
dieser Wein grad gut genung.

Mit Männer geht’s wie mit de Zähn’

Mit Männer geht’s wie mit de Zähn’.
Bis mer se glücklich hat,
is mancher Kummer zu bestehn.
Das geht oft nit so glatt.

Hat mer se schliesslich dann soweit,
gibts oft auch als Verdruss.
Da bröckelt manches mit de Zeit,
was dann gekitt’ wern muß.

Doch – mache se sich fort nach Jahr’n,
bringt nix se mehr zurück.
Sie hinnerlasse, wo se war’n,
en garschdich, klaffend Lück’.

Drum, pflegt die Männer un die Zähn'!
Un kümmert Euch auch drum!
Es is – wann die Zwei von Euch gehn,
des Best' vom Lewe rum.

So'n Rindviech

De Schaa kimmt haam, sternhagelvoll.
Sei Siska schennt en aach wie doll:
„Ei, schämste Dich, alt Voll-Eul, Du!
Du bist jo dümmer als wie'n Kuh!

So'n Rindviech waaß – wahrhafftchen Gott –
wann es genug gesoffe hat,
un wann's kaa Wasser nit mehr mag."
„Ei, Fraa! Beim Wasser waaß ich's aach!"

Es werd jo schont gelöscht!

De Schreiner-Hens macht' garzugern
beim Stammdisch 's Schlusslicht – „die Ladern".
Was em dann blüht bei seiner Frau
das waaß die Voll-Eul' ganz genau
un, um der Preddicht zu entgehn
leeht er sich in die Howwelspän',
in seiner Werkstatt in de Eck.
Kaum leiht er drein – schont iser weg!

In dere Nacht bläst's plötzlich „Feuer"!
Sirene dowe ungeheuer.
Die Nachbern komme angerennt,
weil newedran die Scheuer brennt.
Des ganze Ort is uff de Boo.
Die Feuerwehr is noch nit do.

Dem Hens sei Fraa, das Annekätt,
das hippt wie narrisch ausem Bett.
Sie stumpt den Hens un kreischt un schennt:
„Steih uff un lösch' – die Scheier brennt!
Die Funke flieje schont uffs Dach!"
Mein Hens werd for die Kränk nit wach.

Sie schüttelt en wie'n Quetschebeemche:
„Ei lösch doch, sonst verbrennt das Kreemche!"
Sie roppt en nüwwer un erüwwer,
schütt' em en Aamer Wasser üwwer . . .

Wie der den nasse Guß verspürt,
hot er nur bissje sich gerührt –
un, eh er weiterschläft, er secht:
„Fraa, guck, es werd jo schont gelöscht!"

Die Kerche-Steuer

Was heutzutag „Frisör" sich nennt,
einst de Balwierer war.
Der hot sich prima ausgekennt,
Die Heilkunst war sei Element
als halber Dokter gar.

Hot Zähn' gezoge, hot rasiert,
behannelt Knoche-Riss',
auch üwwer'n Löffel mol balwiert,
wie's grad so komme is.

Der Kerchesteuergeld-Bescheid,
der kam em einst ins Haus.
Das war was Neues for die Leut.
Mer kannt' sich noch nit aus.

Da – fünfunzwanzich Makk un zehn,
so stand's auf dem Babier –
müßt bleche er im Handumdrehn
bis Freidaach Uhre vier.

Des wär gelacht! hot er gedenkt.
Des fällt mer garnit ein.
Was mer der Parre uffgehenkt,
des muß en Irrdum sein.

Un, hordich hater'm adressiert
en Nota, druff daht stehn:

„Herr Parre zwanzichmol rasiert:
mecht Fünfundzwanzich zehn.

De Parre trifft en uff de Gass
un seet zu dem Balwier:
„Sie machen wohl mit mir Ihr'n Spaß!
Was soll die Rechnung hier?
In Ihr'm Salong, ich wüßt nit wo,
bin niemals ich erschiene!"

„Herr Parre, ei do hammersch jo!
War ich?" seet der Balwierer do
„Mol in de Kerch bei Ihne?"

Die Kapp'

Wann Herbstwind um de Kerchturm kurvt,
es gaagst de Wetter-Hahne,
da komme um die Eck geschlurft
zwei alte Veterane.

Die hawwe Zeit – un Zipperlein
un ritzerote Noose.
Die schnuppern, wo's en Gläsje Wein
im Keller geeb zu bloose,

„Guck, Schorsch! – do unne brennt en Licht!
De Wendlin füllt sein Ferne.
Hmmm, was da aus der Tiefe richt,
das sucht mer mit Laterne!"

„Das Fässje is der Höhepunkt",
duht sich der Hennes embern.
„Enunner un die Schnut gedunkt,
eh, daß se was verplembern!"

Andächtich ziehn se Kapp und Hut,
wie se enunnergucke.
„Lieb Herrgöttche! Der Wein is gut
un unser Gorjel trucke!"

„Och, wärn mer doch“, so sahn die Zwää,
„nur in dem Keller drunne . . .
un wär der Wendlin nit so zäh,
deht Unsereim was gunne!“

Uff aamol fällt im Handumdrehn
sei Kapp durchs Kellerfenster.
Die Zwei die Trepp enunnergehn
so leis wie die Gespenster.

„Was wollt dann ihr zwei alte Böck
da hunne bei mein Fässje?“
„Ei guck, mei Kapp leiht do im Dreck.
Es is so kalt im Gässje.“

„Scheinheilich Chor“, de Wendlin denkt.
„Tust en was Gutes haldersch!“
Hat' en en Gläsje ingeschenkt,
weil Wein die Milch des Altersch.

„Der Wein da geht einm dorch un dorch!“,
duht fromm der Hennes sage,
„Mei Schlutzerfässje!“, seufzt der Schorsch,
verdreht entzückt die Aache.

Sie hun gelobt, sie hun geprobt,
es blieb nit bei dem Aane.
De Wind hat lang noch drauß gedobt,
gegaagst de Wetter-Hahne . . .

Ja, auch der Herbst hat schöne Tage

Ei, schennt mer nit auf den September!
Gibt er dem Sommer auch en Dämper
un werft schon mit Schlechtwetter-Tour'n
en Schatte auf die Sonne-Uhr'n,
schickt die lieb' Sonn' schon früh ins Nest,
verjagt die Vöchel aus de Äst
un bläst vom Baum schon manches Blatt . . .
Mer weiß doch, was mer an em hat!

Der Himmel is so blau wie Glas,
Die Äppel falle schwer in's Gras.
Sie Sonn' scheint schepp auf Feld un Wiese,
jagt in den Wein die letzte Süße.
Die „Traubedrücker" duhn beizeite
den Nebel-Vorhang drüwwer breite.

Hebt sich im Herbst dann die Kulisse,
dann wern mer mehr vom Jahrgang wisse.

Drum – schennt mer nit auf den September!
Braucht mer auch Wämmes, warme Hember ...
scheint doch die Sonn' noch mild un klar,
un mer genießt se ganz un gar.
Wann blasse Herbstzeitlose blüh'n,
Altweibersommer-Fäddem zieh'n,
hält mer noch schnell am Zippel fest,
was uns de Sommer übrig läßt.

Der Gegenwind

Der Schorsch hat in der Straußwirtschaft
in Kidderich sich schwer berafft.
Dann wollt er heim – es hatt' geschneit –
zu Fuß in dere Dunkelheit.
Der Wirt, der legt' sich schon aufs Ohr.
Do rappelt's spät noch an seim Dor.
„Ei Schorsch, biste nit heimgedappt?"
„Naa, ich hab Geechewind gehabt."

De annern Mojnd im diefe Schnee
konnt mer des Rätsels Lösung seh.

Der Schorsch hat nämlich in der Nacht
den halbe Heimweg schon gemacht,
da wards em schuckrig bei der Kält.
Er hat sich hinner Wind gestellt,
um sich sei Peifche anzubrenne,
doch – statt sich widder rumzuwenne,

dappt er – so sagts im Schnee die Spur –
den selbe Weg widder redur.

Un als Beweis im diefe Schnee
konnt' mer zwei Streichholz' liege seh.

Der, wo sich nit mehr freue kann . . .

Der, wo sich nit mehr freue kann,
kei Weihnachtsstimmung hot,
der is weiß Gott ganz üwwel dran
un en armselig Krott.

Un der, dem wo nit's Flenne kimmt,
wann er die Kinner sieht,
wann „Stille Nacht" wird angestimmt . . .
der do hat kei Gemüt.

Das Fest das hält se alle zwei
so newernanner grad –
das Lache un die Flennerei
im Säckelche parat.

Wie gut das is! – Der Sorge-Klooß,
der muß emal eraus.
Das Lache löst den Kummer los,
das Flenne spült en naus.

De Christbaum

Unser Mutter meent im Traum:
Sie hätt' noch kein Weihnachtsbaum
un es wär um Uhre drei
kei Bescherung in de Reih
un for Keiner hätt se was
un gekehrt wär noch kei Gass
un kei Gans im Kroppe!
Uj, was schwitzt se Troppe!
Weils auch grad schon drei Uhr schleecht
wo kein Christbaum mer mehr kreecht!

Un sie sieht sich – weiß wie'n Wand –
mit dem Besem in de Hand,
wie se Tanne-Reiser krapcht
un se uff den Besem bappcht.
Doch dodraus werd – nit im Traum –
lebdaachs nie en Weihnachtsbaum.

Psychologische Experte
so en Traum als Trauma werte,
als verdrängelte Komplexe.
Aj, was duht die Mutter kräckse,
gabche, jämmern ganz verschreckt,
bis de Vadder se geweckt,
hot se in de Arm gepetzt
un sie hot sich uffgesetzt

„Was en Glick, ei Mann!" so seet se
un den Vadder lobe deht se.
„In die Werklichkeit mich bringste!
Gott sei Dank! s'is jo erscht Pingste!"

Das Drama von de Weihnachts-Gans

Braun un knusperich gerate,
nit so dick un nit so dünn,
lieht en staatser Gänsebrate
friedlich in seim Kroppe drin.

Wacker macht Familie Schneider
Weihnachte sich drüwwer her,
doch das ganze Gänsje – leider –
packte se dann doch nit mehr.

Un die Mudder duht für später
in den Kroppe dann den Rest,
Sooß' dezu un uff den Bräter
stülpt se druff den Deckel fest,

„Morje Middaach“ denkt se „Gelle,
duht eim so'n halb Gans noch gut.
bräucht mer bloß se ninzustelle
in das Rohr bei sanfter Glut.“

Peifedeckel! 's kimmt de Vadder
spät vom Kegele nach Haus.
Weil en mordse Hunger hatt er –
schnaust er grad den Kroppe aus.

Deckt den Deckel dann uffs Dippe,
leht sich ruhig in sei Bett,
embert nix daß nur's Gerippe
üwwrich war noch als Schgelett.

„Heut bräucht mer mol nix zu koche!“
denkt die Mudder in ihrm Sinn
un schiebt ahnungslos die Knoche
annern Mojns ins Backrohr nin.

Hungrich warte schont die Esser,
hocke um den Disch gespannt,
mit de Gawwel un dem Messer
in de uffgestützte Hand.

Wie die Mudder bringt den Kroppe
dann vom Ofe uff de Disch . . .
Aj!, was danze do die Boppe!
Uj!, was hält se for'n Gekrisch!

Sowas kann eim bees verdrieße!
Die Moral von der Geschicht:
Duht die Küche-Dür zuschließe,
dann bassiert so ebbes nit,

Wie die Katz' nit lässt das Mause,
weil's in der Nadur steckt drein,
losse Mannsleut nie das Schnause
von verbotne Früchte sein.

Und jetzt komme die »Verzeehlcher«

Der Sankt-Antonius-Tag oder die Rache

Vor etwa hundert Jahren amtierte in Rauenthal ein Pfarrer, für seinen guten Weinkeller bekannt, aber auch dafür, daß er nicht sehr großzügig war, wenn es um Proben seiner Weine ging und, wie man sagt, „gern den Daumen auf seine Weinfässer hielt". Andererseits aber hatte er den sechsten Sinn dafür, immer dann bei einem seiner benachbarten Konfratres zu erscheinen, wenn dieser gerade den ersten Abstich des jungen Weines vornahm. Und so begab es sich, daß eines Januar-Tages, als der Kiedricher Pfarrer gerade in seinem Keller dieser Handlung oblag, sich plötzlich der Kellereingang verdunkelte und gewichtigen Schrittes der Rauenthaler Amtsbruder die Treppe herabschritt, dabei auf jeder Stufe laut beteuernd, welch glücklicher Zufall ihn gerade heute nach Kiedrich geführt habe.

Es war ein guter Jahrgang – ein sehr guter sogar. Er mußte beim flackernden Licht der Kellerkerze geprobt, gelobt und gepriesen werden, und man dankte dem Herrn für die Gottesgabe. Schon tief war die Kerze heruntergebrannt, als der Rauenthaler Pfarrer sich wieder heim auf den Weg machte. Sein Kiedricher Amtsbruder, seinerseits als weingrünes Original und Spaßvogel bekannt, lud sich beim Abschied zum Patronatsfest des Rauenthaler Kirchenpatrons am Sankt-Antonius-Tag im Januar selbst ein mit den Worten: „Auf Sankt-Antoni-Tag probieren wir den Deinigen in Rauenthal. Ich warte auf Deine Einladung."

Ob der Rauenthaler vergessen hatte, den Amtsbruder einzuladen, oder ob er den Durst seines Konfraters fürchtete (er war zudem als zäh bekannt) – es kam das Fest des Schutzpatrons heran, ohne daß eine Einladung zum Hochamt und dem nachfolgenden Spansau-Festessen und von der Weinprobe an den Kiedricher Nach-

barn erfolgte. Da beschloß der Schalk im geistlichen Gewande, sich zu rächen. Und so sehen wir ihn am 17ten Januar, gleich nach der Kiedricher Frühmesse, bei klirrender Kälte das schneebedeckte Massiv des Rauenthaler Berges erklimmen und gerade „unnerm Amt“, dem Hochamt, das alle Gläubigen außer der Rauenthaler „Parrerschköchin“ Gret im Kirchlein vereinte, bei dieser in der Küche erscheinen.
„Ei Gumorche Hochwürden!“ strahlte diese aus Wolken würzigen Bratenduftes, die dem Ankömmling aus der heißen Küche gar lieblich in die Nase stiegen, hervor. Das Span-Ferkel, das Rauenthaler Festessen zu Ehren des Heiligen Antonius, des Kirchen-Patrons, der als vierzehnter Nothelfer gegen die Schweinepest, weil er das Schwein im Wappen führt, als „Sau-Andon“ droben verehrt wird, brutzelte gemächlich vor sich hin und nahm in seinem „Kroppe“ gerade Farbe an.
Der ungebetene Gast wischte sich die Schweißtropfen von der Stirn und fragte, erschöpft vom mühsamen Aufstieg: „Jungfer Gret, darf ich mich wohl im Keller ein wenig abkühlen?“ „Ei freilich, Hochwürden! Da hängt de Schlüssel. Ich komme gleich nach, muß nur noch Holz unnerm Herd ufflege, daß die Spansau schön bräunt, bis die geistliche Herrn aus de Kerch komme“. Dann stieg sie hinter dem Gast die Kellertreppe hinunter. „Och, Hochwürden, wo Se doch schont grad da sin, dehte Se mer hordich das Halbstück Rauendaler Paffeberg anstecke, daß ich schont den Wein fors Festesse zappe könnt?“ – Das ließ Hochwürden sich nicht zweimal sagen. Ein Faß anzustecken ist einmal keine Weibsleutsarbeit, einem Rheingauer Pfarrer, der zugleich Winzer ist, aber unbedingt geläufig. Also – Setz und Schlegel herbei, den Zwickel herausgeschlagen und . . . ehe die brave Köchin rufen konnte: „Ei, Herr Parre, de Bembel!“ (der nicht in erreichbarer Nähe stand), hat er ihr die flache Hand einhaltgebietend wider das Zwickel-Loch und die andrängende Weinflut gepreßt: „So, mei Kind, jetz halt’ schön die Hand drauf! Das könnt Ihr Raudaler ja so gut!“ Sprachs, nahm den Zwickel, lief die Treppe hinauf, legte ihn oben säuberlich auf den Küchentisch, enteilte heimwärts in Richtung Kiedrich und – ward nicht mehr gesehen.

Es bleibt dem Leser überlassen, sich in schwarzen Farben die noch schwärzere Beschaffenheit des zu Kohle verbrutzelten Spanferkels auszumalen, dessen brenzliche Düfte – der Gret' Märtyrerqualen noch steigernd – bis in den Keller drangen, und die sich schließlich als schreckliche Ahnung in den Weihrauchduft des Schluß-Segens im Kirchlein mischten.

Der Kiedricher Pfarrer, beim Hinabsteigen vom Rauenthaler Berg, lachte sich eins und Sankt Antonius am Wege mag ihm, da er ansonsten ein frommer Mann und eifriger Seelenhirte war, sein lustiges Schelmenstücklein in Gnaden verziehen haben.

Die späte Werbung der Spautzemännercher

En Sylvestergeschicht is das, in der sich's erweist, daß alsemol verpuschte menschliche Beziehunge durch die sogenannte „Tücke des Objektes" widder in die Reih' geschafft wern.

Der Hannes, en Junggesell in mittlere Jahrn, hat die „Golden Kron'", en alt historisch Gastwirtschaft, die früher emal en Name gehabt hat, ohne Fraa schlecht un recht bewirtschaft'. Für sei alte Stammgäst hat er immerhin noch en gutgepflegte halwe Schoppe aus seim Weingütche gebodde, das mußt mer'm losse. Mit dem Esse awwer un dere ganz Uffmachung hats weniger gut ausgesehn. Da hätt' en däftich un rabust Wertsfraa iningehört anstatt der alte spindelderre Sannchestant, der ihr „Spezialitäte" nach dem Spruch zu bewerte warn: „Was die Küche nicht vermag, muß der Keller ersetzen." Die Küch war verraucht un dunkel, der Hof vollgestoppt mit alte Karrn un Gelerch – awwer der Keller war dem Hannes sei gut Stubb un die Fässer warn sei Kinner. Da hots nix gewwe.

Newedran awwer hat ei gewohnt, des Becke Bawett, die sich jeden Tag drüwwer alteriert hat, daß der Hannes so en Goldgrub von ere Wertschaft so hat verloddern lasse. Die Bawett war en handlich, gutdorchwachse Weibsbild so Mitte der Dreißiger, schaffich un – wie mer seet: „En Jungfrau im beste Mannesalter". Ihr klaa

Häusje mit dem Wingertche drumerum, is an dem Hannes sein Garte gegrenzt un hat säuberlich da gelege wie die ganz Bawett selber.

Wann se so mit aufgestemmte Ärm unner ihrm Torboge gestanne un zum hunnertste Mal üwwerlegt hat, wie mer in ihrm Wingertche en Rheinterass bis am Hannes sei Wertschaft baue deht un wie se mit ihrn Kochkünste die Fremde anlocke könnt, da konnts eim werklich leid duhn, daß die Freierei vor 10 Jahr schont beinah emol zustand komme wär – Awwer nur beinah'. Die Bawett hat damals schont en Aug auf den „Krone-Hannes" gehabt un wollt em e bissje auf die Sprüng helfe, indem se aufem Danzboddem am erschte Feiertag (mit eme nachdrückliche Blick auf den Hannes) verkündt hat, daß derjenich ihr sei Lieb erklärn könnt', der vor ihrm Häusje uff Sylvesterabend das schönste Feuerwerk von „Spautzemännercher" abfeuern deht. Wahrscheins hat das awwer auch noch en annern gehört un uff sich bezoge. Wie nämlich der Hannes Klock 12 Uhr mit seim Kaste voll Knallfrösch', Römische Lichter, Böller, Donnerschläg' un Rakete vor de Siska ihr Fenster geschliche is, hat er beim Schein von seiner erschte Raket sein beste Freund Schorsch auch als Feuerwerker erkennt, hat stillschweigend sein Kaste unner de Arm genomme un ihn ganz owwe uff sein Kleiderschrank gestellt, wo er bis zum Sylvester-Abend 10 Jahr später noch zu finne war.

Das Bawett hat sich dann mit dem Schorsch versproche. Der Krieg is ausgebroche un der Schorsch, der or de Hochzeit einrücke mußt, is nit mehr heimkomme. Der Hannes hat den Krieg heil üwwerstanne, hat awwer nie mehr die Kuraasch gefunne, das Bawett, das leddichen Standes verbliwwe war, nochemol zu frage. Un es hätt doch druff gewart' all die Jahrn! So is die Sach' gestanne an dem denkwürdige Sylvester-Abend, wo der Hannes so zwische Tag un Siehstenix nochemal in seim Bergwingertche nach dem Jungfeld geguckt hat.

Die Gelegenheit hat die Sannchestant benützt, um hordich im alte Jahr nochemol im Hannes seiner Schloofstubb Hausbutz zu halle.

Uffem Kleiderschrank hat der berühmt Kaste gestanne, den se uff die Erd' gestellt hatt', um Staub un Spinnewebe abzukehrn. Do iser uff aamol Baufdich de Butz-Aamer umgesterzt. „Manjoseb!“, hat se gekrische un hordich den schon e bissje klamme Kaste vor der trüb Wasserflut gerett’ un en drunne in de Küch in de Backofe gestellt, der noch die letzt mild Glut ausgestrahlt hat. Der Hannes deht’s amend nit merke. Der hatt sowieso immer so en Gedeez mit dere alte Schachtel – hat se gedenkt. Der Herd werd sowieso heut nit mehr gebraucht – hat se gedenkt. Un morjefrüh steht der Kaste widder uff seim Platz – hat se gedenkt. – Awwer, das Schicksal hats annerschder beschlosse.

Spät abends is noch en lustig Sylvestergesellschaft in de „Kron’“ ankomme, die badduh noch heiße Wein trinke un Kreppele esse wollte. Der Hannes hat die Flasche uffgezoge, is in die Scheuer nach Rebe-Reiser gerennt, um im Herd en Feuer wie en Höll’ zu mache. Derweil is die Tant mit Umschlagtuch un Latern’ durch de Schnee bei de Konditter Happ gedappt, um hinnerum noch Kreppele zu hole. Derweil hat der Hennes in de Wertsstubb de Gäst die Ansprach gehalle. Drunne im Herd hawwe die Scheiter geknackt – ein Bild des Friedens! Awwer nit lang! Auf einmal is nämlich die höllisch Raserei losgelasse worn. Mit Schschschsch . . . Ssssss Krachbum bum hats in dere Küch gespauzt, gefunkt, gebumcht un geböllert. Schreckensbleich is der Hannes in die Küch gerennt, hat die Backofe-Dür uffgerobbt. Da isses em entgegengeprasselt un gerauscht. Die Rakete hawwe gezüngelt un nach Schwefel gestunke, die bengalische Lichter hawwe die ganz Küch in ein sanftes Abendrot getaucht, in das die Knallfrösch, die üwwer Kücheschrank un Anricht gehippt un mit Gebell in de Backmuhl explodiert sin, en Schneegestöber von lauter Mehl gezaubert hawwe.

„Karfunkelstein im Ofeloch!“ hat der Hannes geflucht un hat sich, auf de eine Seit schwarz von Pulver un auf de annern weiß von Mehl, gedenkt, daß en alleweil de Deuwel lotweis hole wollt.

Da is auf dem Höhepunkt der Handlung die Dür aufgange un es is die Bawett erschiene, der der Feuerschein aus dem Hennes seiner Küch nit ganz puschber gewese is. Un, wie se die Bescherung üwwerblickt hat, is er de beste Einfall ihres Lebens komme. Sie hat die Ärm ausgebreit', is dem Hannes mit ihrer ganze gewichtige Person rack um de Hals gefalle un hat in den Hexe-Sabbat enein gekrische: „Ei Hannes, mei Hannesje! Haste mer endlich mei Spautzemännercher angesteckt! Das nenn' ich awwer mal en sinnvoll Brautwerbung – wann auch e bissje spät." Sprach's un hat en dicke Kuß mitte in dem Hannes sei schwarzweiß gestreift Gesicht gedrückt. Der hat sich auch nit geferchť un düchdich widder gedrückt un geküsst. Die Sylvestergesellschaft is in die Küch komme, un es is Verlobung gefeiert worn in der „Krone" am Rhein, wo, wie mer sich hat verzeehle lasse, en groß Loch im Hannes sein Keller getrunke, un gelacht un gedanzt worn bis ins neue Jahr hinein.

Die Feuerspritz'

Die schönste Rheingauer Kerbe wern immer in dene Jahrn, die auf en „Jahrhundertwein" folge, gefeiert. Dann liegt die Kostbarkeit jung im Keller un wird zu dem festliche Anlaß des erschte Mal der Öffentlichkeit präsentiert. Un so wirds kein Wunner nemme, daß auf de Kerb von 1912 drowwe in Rauenthal allerhand gefällig gewese is, wovon die ältste Leut noch heut verzeehle.

Sonntag nach Mariae Himmelfahrt, Ende August, wird die schönst Sommerkerb von jeher gefeiert. Die gelbe Frucht-Äcker stehn abgeraumt, die Wingert sin sauberche gegibbelt wie die Taxus-Allee un die Weinbauern hawwe den Sack voll Daler un die Spendierhose an. Sie fühle sich los un leddich un brauche bloß noch die Händ in de Seckel zu stecke und abzuwarte, daß die lieb Sonn die Träubcher drauß im Wingert kocht un brotzelt. So warsch wenigstens im Jahre 1912, von dem jetz die Redd is.

Die Reitschul hat auf dem Markt „Puppchen, Du bist mein Augenstern" gespielt, un newedra hat der unfreiwillige Held von unserer Erzählung mit seiner Dreh-Orjel die treuinnige Küchen-Lyrik jener Tage deduddelt. Nit daß der Orjelmann – Goldhorn hat er geheiße un, passend zu seim Name is em en ritzeroter Bart im Gesicht gestanne – besonders poetisch gesonne gewese wär. Er hat sich die Dreh-Orjel mit dem gesamte Programm „Mariechen saß weinend im Garten“, „Heinrich schlief bei seiner Neuvermählten“ und „Das war in Lindenau, da ist der Himmel blau“ von seiner Invalide-Rent kauft, wie er aus dem Krieg 70/71 mit dem Stützelfuß heimkomme is.

So hat er geduddelt un geduddelt un sei Bawett hat die Äppelwoi-Kapp uffgehalle un se immer, wann se voll war, in das unnerirdische Systehm von ihrn Unnerröck ausgeleert.

Wie's dunkel worn is, hawwe dann die Zwei zum Schluß gesunge: „Das Liedche is gesunge, de Daler is verdient, un wer uns noch en Daler gibt, dem singe mer noch en Lied.“ Dann hawwe se ihr Dreh-Orjel wie alle Jahr üwwer Nacht im Spritzehaus, gleich vornehin vor die Feuerspritz, abgestellt un sin irchendwo ins Stroh gekroche.

In dere selwiche Nacht hats drunne in Neudorf (heut heißt's widder wie früher Martinsthal) vom Kerchturm gestermt un des Kerbersch Mühl'che hat gebrennt wie en Fackel. Das Glöckche hat geklängst un geklängst, un kein von dem 1911er Jahrhunnertwein süß eingewiegter Feuerwehrmann hats vernomme. Bis schließlich der Nachtwächter „Feurio“ gebloose hat, so laut wie die Posaun' beim Jüngste Gericht. Da is dann einer nachem annern in Rock un Stiwwel gefahrn un hat den Helm festgebunne. Noch ganz im Tran hawwe se die Spritzehaus-Dür uffgeschlosse un grad des erschte beste fahrbare Gerät erausgezobbelt. Un dann sin se minanner die alt Schossee mit ihrer vermeintliche Feuerspritz enunner gemacht, zum lösche.

An de erscht Kurv isses noch gange, awwer dann isses immer steiler un steiler worn un sie sin Kalopp hinner dem Abberat hergerennt. „Andon, dreh' die Hemm zu!“, hat der Jaab vorne gekrische. Mein Andon krieht auch in de Dunkelheit so ebbes wie en Drehrad ze fasse. „Sakramach! Is des en bossich Brems!“, hot er grad noch tottele könne. Dann hat die vermeintlich Feuerspritz en Satz wie'n Gaaßbock gemacht un friedlich geduddelt: „Das war in Lindenau, da ist der Himmel blau, da tanzt der Ziegenbock mit seiner Fraa im Unnerrock“.

Mit dem kriehn se minanner des Üwwergewicht un plotsche den Rech enunner im Herr Bollemooschder sein Dickworz-Acker. Wie se dann beisamme im Schlambes leihe un die Drehorjel im Kreuz hawwe – der Feuerschein vom Mühlche her duht frasterlich die Siduation beleuchte un das Armesünderglöckelche duht jämmerlich klängse.. hat sich der Mechanismus von dere Dreh-Orchel irchendwie durch den Sturz verzwerwelt un spielt: „Mariechen lag weinend im Garten, im Grase saß spielend ihr Kind". Wie mer hört, is in dere Nacht das Mühlche ratzebutz abgebrennt, weil die Raudahler Feuerwehr vorher schont sovill „gelöscht" hat, daß es hinnenach nit mehr gange is.

Die Rosebrockele

Es war an einem Rosenmontag bei starker Kälte. Der Rhein war fest zugefroren, und so tauchten – was seit Menschengedenken nie vorgekommen war – Masken von der linken Rheinseite, die sonst überhaupt keine Verbindung mit dem rechten Ufer hatten, unter dem Eltviller Maskengetümmel auf.

Das „Luwiss", ein jungverheiratetes Frauchen, en „goldich Krott" wie man so sagt, wollte auch einmal „schnorrn" gehen, das heißt durch alten Großmutter-Krempel und eine Gesichtsmaske unkenntlich gemacht, durch die Wirtschaften zu ziehen, die an Tischen sitzenden Honoratioren mit flottem Mundwerk „auf die Schipp zu nehmen", mit dem Strohhalm ihre Gläser auszutrinken und mit dem ganzen Schwarm und lautem Geschwätz zur nächsten Wirtschaft zu ziehen.

Sein tieferer Zweck war, sich unerkannt, mit Requisiten aus der „Fassenachtskist" vermummt, seinem Schorsch in seiner Stammwirtschaft zu nahen und ihm hinner die längst geargwöhnte „Schlich zu komme". Mit Bambelrock un Fransemantillche un dem klassische Kabotthütche ausgestattet, wagte es sich schließlich mit der „ganze Kipp" auf die Gass und, weil es das noch nicht mitgemacht hatte, wollte ihm aus Angst vor der eigenen Courage das Herz in die „Knoppstiwwelcher" fallen. Als ihm aber aus dem nächsten Schaufenster sein zähnefletschendes Schwiegermuttergesicht gespenstisch entgegengrinste, war es schon dem Zauber der Maske verfallen und zog mit dem Hexentanz der andern Masken, die die Stadt mit ihrer tanzenden und fistelstimmigen Narrheit erfüllten mit. Es sah sich verwundert und wie von ferne das uralte und geistreiche Narrenspiel, zu dem Schlagfertigkeit, ein bißchen Frechheit und ein „Babbelement“ gehörte, mitspielen.

Schon beim ersten „Guude! Helau!“ dem Fassenachtsgruß der Schnorrer, war der Geist des Rosenmontags über es gekommen, und es blieb den versammelten Bürgern, die da am Tisch saßen, nicht „Redd un Antwort schullich“. Jeder wollte einmal mit der Oma tanzen, der beim Röckefliegen so beachtenswert jugendliche Beine hervorschauten. „Ei, komm emal bei mich!“ rief einer am Tisch. „Du staawich Gutsje“. Schnell trank es ihm mit dem Strohhalm sein Weinglas aus, und ehe noch der unternehmende Bürger die Konsequenzen aus dieser Gastfreundschaft zu ziehen vermochte, war es schon wieder auf und davon.

Aber, soviel es auch herumschaute – kein Schorsch war zu entdecken. „Wo werd dann das Schlippche widder erumziehe?“, dachte es ergrimmt. Da hängte sich eine andere „Schnorrerin“ bei ihm ein. Ein handliches Frauenzimmer, ein bißchen derb und knochig zwar, mit einem roten Kopftuch und einem Henkelkorb mit Gemüs am Arm, ihrem Aussehn eine „üwwerrheiner Salatschneck“, wie man die „Hockeweiber von de anner Seit“, die ihr Gemüs auf dem Eltviller Markt verkaufen, nennt. Die Gemüsefrau eröffnete gleich das Gespräch: „Ei, Oma, biste dann bei dere Kält noch so spät unnerwegs? Komm, hock Dich e bissje bei mich un wärm Dei alte Knoche auf!“, so tönte es hinter der rotbackigen Maske hervor. Bald saßen die zwei in einer halbdunklen Nische unter einem lachenden Papiervollmond beisammen. „Ich bin das Kehl-Bewwelche“, stellte sich die „Gemüsefrau“ vor, „un muß die Nacht widder üwwer den zu-ene Rhein enüwwer uff die anner Seit, daß mein Alter nit merkt, daß ich uff de verkehrt Seit gebliwwe bin, wie de Gemüsmarkt verloffe war!“

„Ei Bewwelche“, fragt das Luwiss. „Was deht dann Dein Alter mit Dir mache, wann ersch merke deht?“

„Do kreecht ich scheene Knibbel“, beteuerte die Gemüsfrau. „Awwer er selbst, was mein Mann is, der nimmt sich so Tertcher nit for üwwel. Der is ja auch en Mannsbild, da is das ebbes annerschder. Wann der Mann auch emal newenaus geht, sin die Weibsleut doch froh, wann er widderkomme duht“.

„Bewwelche, Bewwelche!“, droht das Luwiss seim Gegenüber und betrachtet sich argwöhnisch die dicken Finger, die prall in Zwirnshandschuhen stecken. „For en Fraa haste awwer e bissje komische Ansichte“, meints, und fährt fort zu fragen: „Sag emal, Bewwelche, was meinste dann, was ich mit meim Alte deheim mache sollt, wann ich wüßt' daß er newenaus gange wär, he?“
„No, das wär mer nochemal scheener! Wann einer so en goldich Fraache hat wie Dich, dann wärsch ja en Sünd un Schand, wann er da auch noch Bosse mache deht. Da müßt' er hart bestraft wern un nit so knapp“.

„No un was for en Straf' deht meim Alte dann do gehörn, Bewwelche?“, will das Luwiss wisse. „Ei, dem deht ich 8 Tag ebbes kochem was er garnit gern esse deht, daß em de Abbedidd vergoht, gelle!“, rät die Gemüsfrau un fragt gleich: „Ei, was isst er dann nit gern, mei Boppelche?“ Dabei rückt die Gemüsfrau dem Luwiss immer näher uff de Belz. Das Luwiss is um en Antwort nit verlege: „Ei Rosebrockele (Rosenkohl) kann er uff de Dod nit leide. Awwer Dei Boppelche bin is deswege noch lang nit, daß des weißt!“

„So, so, Rosebrockele kann er nit leide“, nockelt die Maske vor sich hin. „Die kann ich aach nit leide. Awwer, warum soll's eme Annern besser gehn als wie mir?“ Und mit einem plötzlichen Entschluß holt sie ihren Gemüskorb unterm Tisch hervor, in dem die schönste Rosebrockelcher, grün und geschlossen wie die Knospen leuchten und hängt ihn dem Luwiss über den Arm.
Das Luwiss ist wachsam geworden, und wenn auch der Mond noch so sanft hin- und herschunkelt und der warme Wein so schön in die Glieder geht, und es außerdem längst dahintergekommen ist, daß hinter der Gemüsfrau ein nichtsnutziges Mannsbild steckt, so ist es

doch seinem Schorsch treu, nimmt kurz vor 12 in einem unbewachten Augenblick den Korb mit Rosenbrockele, butzt die Platt un legt sich deheim in sei Nest, ganz traurig darüber, daß es seinen Schorsch nicht gefunden hat. „Wo wird sich der amüsiern, der Seckel, der vernähte?“ denkt es noch vor dem Einschlafen. Der Schorsch aber, das war nämlich die Gemüsfrau, von seiner eigenen Frau unerkannt, ist inzwischen vor Zorn und Enttäuschung im Alkohol versackt und erst am hellen Morgen heimgekommen. Komisch – die erwartete Strafpredigt blieb aus. Er setzt sich erwartungsvoll an den Mittagstisch. Was wird es Gutes geben? „Rosebrockele“, sagt das Luwiss nur. Der Schorsch verliert kein Sterbenswörtchen darüber, als auch am nächsten Tag wieder dasselbe Strafgericht erscheint. Bekanntlich ist nämlich die Suppe am salzigsten, die man sich selber „eingebrockelt“ hat. Und der Schorsch hat diese bittere Pille mit Todesverachtung geschluckt. Das Luwiss aber ist nie dahintergekommen, warum sein Schorsch auf einmal Rosebrockele gegessen hat und ein so braver Ehemann geworden ist – wenigstens bis zur nächsten Fassenacht.

Des Worschtebrot

Es war in dene schlechte Zeite, kurz nach dem Krieg, wo's noch Fleisch- un Fettkarte gewwe hat un wo mer, wann mer in de Wertschaft sei paar Märkcher abgewwe hat, zu seim Halwe en Worschtebrot krieht hat, durch das mer die Zeitung lese konnt, so dünn war die Worscht geschnitte.

Drowwe in Johannisberg beim Jaab in de Heckewirtschaft war das annerschder. Der Jaab hat nämlich newebei das Amt des Wiegemeisters auf de Gemeinde-Wag ausgeübt, un wer das Handwerk richdich verstanne hat, für den hats kei Ernährungssorge mehr gewwe. Is da en Bauer, der schlachte wollt, mit seiner Wutz auf die Wag' komme, dann is se gewoge worn – un, wanns dunkel war un die zweit Wutz, die sowieso „schwarz“ war, konnt mer bei Nacht nit sehe – no, was konnt dann da der Jaab defor? Odder wann mer dem Stickelche Vieh auf de Wag ei Hinnerbeinche festgehalle hat, daß es nit forlaufe deht (wodurch aber „unbeabsichtigt" auch der Wiegebalke redurgange is). Wem konnt mer da en Vorwurf mache? Daß dann hinnenach alsemol hinner dem Wieghäusje wie vom Himmel gefalle, en Worscht odder en Kotlettstick gelege hat, das hat er als Geschenk des Himmels dankbar uffgerafft. Un, weil er's seine Gäst widder hat zukomme lasse, hot er sich auch kei Gedanke drüwwer zu mache brauche.

Un so isses komme, daß es beim Jaab Kotletter gewwe hat so groß wie Abtrittsdeckel un Worschtebrote wie die Doppeldecker. Un die Gäst aus de Stadt sin ankomme wie die Biene ans Latwerchdippe.

Dem Jaab sei Fraa, das Dina, hot am Büffee Esse ausgewwe un wie en Cerberus drüwwer gewacht, daß vor abends 8 Uhr keiner von de Bedienung in die Küch komme is. Solang mußte die Bubcher, die bedient hawwe, Halwe un Esse erumtrage. Un um Uhre 8 hawwe se erscht in de Küch ihr Esse krieht. Buwe hawwe immer Hunger, noch dezu in dene armselige Zeite nach dem Krieg is dem Steine Fränzje, 15 Jahr alt, des beim Jaab kellneriert hat, so um Uhre siwwe der Mage grad bis uff die Stiwwel gehenkt, dann die Zeit vom kärchliche Mittagesse deheim war lang, un das Wasser is em im Mund sammegeloffe, wann er all die Worschte-un Schinkebrote riche mußt, die wo er in de Wertsstubb erumtrage mußt.

Rechts um die Eck (mer mußt vom Büffee durch en lange dunkle Gang gehn), is des Vereinsstübbche gelege, in dem die Stammdischbrüder getagt hawwe. Die sin von der Dina immer besonnerscht reichlich bedacht worn. Un wie das Fränzje for de Herr Bollemooschter (Bürgermeister) en doppelstöckig Worschtebrot ins Stübbche trage mußt, konnt er nit an sich halle un hat unnerwegs in dem Gang en dicke Ranke Schwaademage abgefresse, hat schön widder die Petersilie un die Kummernverdelcher uff dem Rest garniert un es dem Herr Bollemooschder mit eme kräftiche „Gude Abbedidd aach!" serviert.

„Uj, Schwaademage!" hat da de Herr Parre jubiliert un sich beim Fränzje auch so'n Brot bestellt. Jetz is dem Bubche sei Problem erscht angefange. Hätt er dem Herr

Parre jetz dasselbe uffgestockte Worschtebrot gebracht, wie's die Dina for de Herr Bollemooschder in die Reih gemacht hat, wär de Bollemooschder falsch worn, weil der ja weniger krieht hat un sich beschwert hätt. Also mußt das Fränzje, ob er wollt odder nit, auch dem Herr Parre sei Brot auf die gleich Art dezimiern un auch all die Brote von dene, wo hinnenach noch im Stübbche bestellt hawwe.

Abends um Uhre 8, wie er dann sein Wellfleisch in de Küch krieht hat, hat sich das Dina welts gewunnert, daß das Fränzje gar kein Hunger hatt' un noch mehr dadrüwwer, daß die Honoratiorn beim Fortgehn so beiläufig hawwe falle lasse: „No Dina, Dei Worschtebrote warn auch schont größer!" En Zusammehang is ere awwer glicklicherweis nit uffgange.